L'ÉNIGME DU RÊVE

DU MÊME AUTEUR

A LA MÊME LIBRAIRIE

L'ÉNIGME DE LA MAIN, in-4° couronne, illustré.......	5 fr.
L'AN 1903 : Conseils et Prophéties de Madame de Thèbes..	1 50
ALMANACH DE MADAME DE THÈBES POUR 1905 : Conseils pour être heureux............................	0 75
ALMANACH DE MADAME DE THÈBES POUR 1906.......	0 75
ALMANACH DE MADAME DE THÈBES POUR 1908.......	1 fr.
ALMANACH DE MADAME DE THÈBES POUR 1909......	1 fr.

En Préparation :

GRAMMAIRE DE LA CHIROMANCIE.

NOS CONTEMPORAINS JUGÉS PAR LA CHIROMANCIE
avec de nombreuses illustrations.

Tous droits de reproduction et de traduction réservés pour tous pays.
Published November 1908. *Privilege of copyright in the U. S. A. reserved under the act approved March 3 1905,*
by Société d'Édition et de Publications, *Paris.*

MADAME DE THÈBES

L'ÉNIGME DU RÊVE

EXPLICATION DES SONGES

PARIS

SOCIÉTÉ D'ÉDITION ET DE PUBLICATIONS
LIBRAIRIE FÉLIX JUVEN
13, RUE DE L'ODÉON, 13
ET CHEZ L'AUTEUR
29, AVENUE DE WAGRAM, 29

POURQUOI J'AI FAIT CE LIVRE

J'ai fait ce livre parce que très souvent on m'a dit : « Vous étudiez le mystère : expliquez-nous les rêves. » Je me suis défendue longtemps. Finalement j'ai cédé, tentée d'ailleurs par l'attrait d'une étude captivante. Mais quelle étude difficile! Dans la chiromancie on a une base précise, un contrôle certain; les divers signes se vérifient. Dans le rêve, où va-t-on? A quoi se reprendre? Comment se guider? Ce mystère est le plus prodigieux. Procède-t-il du corps ou de l'âme? Tantôt de l'un, tantôt de l'autre. Parfois des deux. Mais quelle est la part de l'un? Quelle est la part de l'autre? On perd pied tout de suite... Et cependant, faut-il fermer obstinément les yeux? Faut-il dans cette nuit reculer *d'effroi? Doit-on tâtonner? Doit-on courir le risque de quelque chute?*

Je suis d'avis d'entrer dans l'obscur labyrinthe. Je m'y suis hasardée en pensant que le dépouillement du fatras des Clefs des Songes me fournirait tout de même quelque fil d'Ariane, le fil de la tradition.

Nous avons le grand tort de négliger, de dédaigner les légendes millénaires, les superstitions, que, de génération en génération, les peuples se transmettent. Au fond, tout au fond, il y a quelque chose de sacré, peut-être une part de la vérité première, une part du secret de l'origine de l'homme. Superstition, c'est bientôt dit. Mais tout ici-bas est superstition. Notre bonheur par l'argent, superstition; nos distinctions de fortune, de rang, de titres, superstitions; notre foi dans la science, superstition; notre idée de l'homme et de la société, superstition. Les vérités présentes seront dans mille ans ou avant, erreur et superstition. Et, sachant cela, je ne trouve pas si sot que certains savants brevetés pourraient l'imaginer, de me tourner vers le passé, d'écouter sa voix et de chercher à comprendre pourquoi et comment tant de sages disparus faisaient état d'approfondir des mystères qui, aujourd'hui, sont dédaignés. Ces mystères étaient, pour eux, les principales sciences à posséder. Les mages, les devins expliquaient les songes. Essayons de savoir ce qu'ils pouvaient en dire. Notre science moderne, si aisément satisfaite d'elle-même, se contente du sourire du dédain ou de la négation de l'ignorance. Qu'elle ait tort ou raison, je la supplie de me pardonner de ne pas la croire infaillible, et de m'être aventurée au pays des rêves pour tenter de reconnaître ce mystérieux terrain et d'en établir une première carte un peu moins fantaisiste que celles dessinées dans tant de naïves Clefs des Songes.

Mme DE THÈBES.

PREMIÈRE PARTIE

**Exposé d'ensemble du mystère du rêve,
suivant la science et la tradition**

CHAPITRE PREMIER

Le sommeil expliqué par la Fable.

Autour du rêve.— La tradition et la science. — Le premier homme et le premier sommeil. — Les divers symboles primitifs du sommeil. — Les libations que nous lui rendons.

Le sommeil, eût dit M. Prud'homme, remonte à la plus haute antiquité. Si l'homme du Paradis terrestre n'a pas connu à son origine la maladie, la souffrance, l'inquiétude, l'ennui et les mille soucis qui traversent notre existence, celle de ses descendants, il a toujours, par contre, joui des douceurs reposantes du sommeil. Après les heures d'extase sous les arbres de l'Eden, Adam s'endormait bercé par la musique des oiseaux, enivré par les parfums des fleurs. Même il dormait d'un sommeil profond puisque le souverain fabricateur put lui enlever une côte sans qu'il s'en aperçût et en confectionner la blonde compagne que notre premier père trouva un matin dans ses bras, contre son cœur. Image jolie et suggestive qui jette une clarté sur le rôle de la femme, rôle d'amour, de confiance et d'abandon envers l'époux dont la force protège sa faiblesse.

Le sommeil n'est en somme qu'une fonction organique comme la circulation et la respiration; néanmoins il présente des manifestations si étranges, il s'entoure de circonstances si mystérieuses, il répand de si précieux bienfaits, engendre de si vives terreurs, que, chez tous les peuples, dans toutes les religions, il bénéficia d'une réputation exceptionnelle.

Les mythologies primitives le firent dieu, ce qui était dans ce temps-là, la plus haute dignité. On lui éleva des statues, on le portraitura sous diverses formes, ce qui est une bonne manière de publicité et de réclame ; il n'en avait du reste nul besoin, car il jouissait d'une notoriété universelle. Mais ces fantaisies des artistes d'autrefois servent à nous apprendre comment ils se l'imaginaient. Tantôt oiseau de nuit, tantôt génie blanc qui, dans son vol silencieux, touche les fronts avec un rameau trempé dans l'eau du Léthé, le fleuve de l'oubli, ou bien assoupit les dormeurs par le bruissement de ses ailes ; ou encore c'est un jeune homme imberbe, souriant, avec de petites ailes aux tempes et des yeux mi-clos, ou un vieillard fatigué, endormi sur son bâton de voyage.

Les anciens poètes faisaient le Sommeil frère de la Mort, tous deux fils de la Nuit et de l'Erèbe, l'enfer païen. Ils le logeaient sur la terre ou dans l'enfer. Homère lui assigne pour résidence l'île de Lemnos, une des îles de la mer Egée, aujourd'hui l'Archipel, où existait un labyrinthe presque aussi fameux que celui du Minotaure dans l'île de Crète.

Un autre poète, Lucien, imagine une île des

songes où ils habitent tous avec le Sommeil pour roi. Ils s'envolent le soir, se répandent sur les villes et les campagnes, pénètrent dans les habitations, palais ou chaumières et les peuplent de visions heureuses ou de cauchemars pénibles.

Nulle part néanmoins, ne s'établit le culte du Sommeil. Ce dieu n'eut ni temples, ni autels, ni prêtres ni sacrifices. Personne ne s'avisa de lui immoler un bouc ou une chèvre ou de lui offrir des libations.

Des libations au sommeil, il nous arrive assez souvent d'en faire, nous autres modernes, car il se montre parfois réfractaire à nous combler de ses faveurs.

Nous l'appelons par des infusions calmantes et des cachets anesthésiques.

C'est le seul culte que nous lui rendons.

Du reste, nous sommes bien un peu responsables de ses fréquentes absences. Notre vie est si chargée de plaisirs et d'affaires — ce qui a souvent le même sens — que les jours ne nous suffisent plus pour tout mener à bien.

Nous vivons d'une double existence, la diurne et la nocturne, car, il nous arrive souvent de nous coucher après le lever de l'aube.

Les Anciens, qui n'aimaient pas ces renversements et ne les pouvaient comprendre avec leur âme infiniment plus simpliste que la nôtre, assuraient qu'à l'apparition de l'astre du jour, les songes heureux s'envolaient dans leur palais éthéré, et que les doux compagnons du sommeil fuyaient la couche du paresseux.

Avaient-ils tort ?

CHAPITRE II

Le sommeil expliqué par la science.

Le fait et les hypothèses. — Les trois questions principales. — L'avis des savants docteurs. — Cabanis, Rosenbaum, etc.

La cause réelle du sommeil n'a jamais encore été déterminée. Le sera-t-elle quelque jour ? Ce n'est pas sûr. La nature pose beaucoup de problèmes, la science cherche des solutions. C'est un petit jeu plein d'a   ent.

On dort, voilà le fait. Le sommeil est universel ; il existe sous toutes les latitudes, il est impossible de vivre sans dormir jamais, aussi bien que de subsister en dormant toujours. L'expérience suffit à constater ces vérités, il est plus difficile d'expliquer pourquoi et comment on dort. La science se trouve réduite aux conjectures et ne saurait asseoir ses raisonnements sur aucune certitude absolue. En effet elle ne peut étudier le sommeil que dans ses manifestations extérieures ; ses causes réelles échappent à tout examen, à tout contrôle.

Pour les profanes dont nous sommes, mes lecteurs et moi, ces causes n'ont qu'une importance relative ; mais parce que les diverses hypothèses expliquent jusqu'à un certain point les phénomènes du rêve, elles sont intéressantes à signaler. Le rêve, en effet, son origine, son développement, la suite variée de ses scènes sont des sujets séduisants.

Il m'est impossible de détailler toutes les théories du sommeil ; ce serait d'une lecture fastidieuse pour mes lecteurs. Je me contenterai de noter les plus importantes, afin d'arriver vite aux questions principales.

Qu'est-ce que le rêve ?

Le rêve est-il prophétique ?

Existe-t-il des moyens de découvrir le sens caché des rêves ?

A ces trois questions la tradition et la science répondent affirmativement. Une théorie scientifique fort intéressante sur le sommeil émane du docteur Cabanis. Il le considère comme une fonction particulière du cerveau, qui se réalise par une série de mouvements réguliers. Ces mouvements cessant c'est le réveil.

Le fait d'expérience qui autorise à considérer le sommeil comme une fonction cérébrale, c'est la façon dont il se produit. Il n'est jamais brusque, mais précédé de sensations que Cabanis appelle l'*appétit du sommeil*. Dormir est un besoin physiologique comme manger et boire. Les sensations qui annoncent ce besoin sont la lourdeur des paupières, le picotement de la conjonctive, l'engourdissement de la sensibilité générale et des sens particuliers. Par gradation insensible, l'intelligence s'obscurcit et l'on glisse au sommeil sans en avoir conscience.

Autre hypothèse : les centres supérieurs de la masse encéphalique s'engourdissent, les facultés s'affaiblissent et la mémoire s'abolit.

Mais les centres inférieurs, dont la moelle épinière est le prolongement, restent au contraire en activité et assurent le fonctionnement mécanique des organes. Une vie végétative persiste donc dans le sommeil. Cependant toute vie cérébrale n'est pas éteinte ; les songes prouvent au moins la persistance des facultés imaginatives. Si les hémisphères supérieurs, ceux dans lesquels semble se trouver le siège des facultés intellectuelles, étaient tout à fait endormis, le dormeur ne rêverait pas.

L'expérience a été faite sur des animaux privés de ces hémisphères supérieurs ; ils continuaient à vivre après l'opération, mais demeuraient dans un engourdissement absolu, une sorte de coma qui n'est qu'un sommeil sans rêve.

Peut-être, disent d'autres savants, le sommeil est-il dû à une modification dans l'irrigation du cerveau.

Longtemps on crut cet état provoqué par une sorte de congestion cérébrale momentanée.

D'autres — Claude Bernard, l'éminent physiologiste était du nombre — admettent que les vaisseaux se rétrécissent pendant le sommeil, d'où ralentissement du courant sanguin, anémie cérébrale et engourdissement.

La science dit encore — que ne dit-elle pas cette noble dame accusée par des esprits grincheux (je n'en suis pas) de parler à tort et à travers? — que le sommeil est amené par la diminution d'oxygène dans les tissus et par la désassimilation des produits qui résultent de l'activité organique. Un savant allemand, Rosenbaum, a fondé sur ce fait une explication curieuse. Dans le sommeil, dit-il, les produits passent dans le sang, s'éliminent et sont remplacés par un liquide séreux. Il s'en suit que les tissus nerveux s'enrichissent en eau et s'alourdissent. C'est cette accumulation d'eau dans les tissus qui produit le sommeil. Mais, peu à peu, l'eau s'élimine à son tour, rentre dans le courant sanguin et s'exhale par les poumons; alors les nerfs et les centres nerveux reprennent leur constitution normale, l'engourdissement cesse : c'est le réveil.

Un français, Mathias Duval, émet une théorie différente : le sommeil, dit-il, se produit lorsque les ramifications cérébrales du neurone cordial se rétractent. Les neurones sont comme des piles électriques ; les ramifications en sont l'aboutissement, et leur contact provoque les courants d'activité. Mais, par suite de la fatigue, le contact cérébral devient moins parfait ; il est interrompu lorsque les ramifications sont complètement rétractées. Alors toute activité est suspendue : on dort. Le repos du sommeil remet les neurones au point ; les ramifications s'allongent de nouveau et le contact se rétablit ; c'est le réveil.

La dose normale d'activité serait donc exactement mesurée pour une journée moyenne de quinze à seize heures, puisque huit heures de repos suffisent aux adultes bien portants. Si l'activité, sous des excitants quelconques, est maintenue au delà de ce temps, il y a surmenage.

Ce qui se justifie.

Les diverses théories en cette matière sont

toutes admissibles et de valeur égale ; par conséquent toutes discutables, mais cette discussion reste dans le domaine spéculatif et ce n'est point ce qui nous occupe, mes lecteurs et moi. Si dans le sommeil, les facultés complètement abolies ne laissaient persister qu'une vie purement végétative, nous n'aurions pas même à étudier la question. Mais les songes, qui accompagnent le sommeil naturel ou provoqué par des anesthésiques, nous découvrent des données précieuses, ont un langage mystérieux. Je veux en étudier l'alphabet et la grammaire.

CHAPITRE III

Le rêve et ses mystères.

L'avis des spirites et celui de la religion. — A travers l'invisible. — Le double de l'âme. — Classification des sens.

Le rêve est un ensemble de perceptions, d'images, de sentiments et de pensées qui se déroulent pendant le sommeil, ensemble factice, mais dont chaque détail semble d'une réalité absolue pendant toute la durée du rêve.

D'où viennent ces images? Quelle cause secrète provoque ces sentiments et ces pensées? Quelle est l'origine de ce phénomène auquel tout le monde s'intéresse?

Les spirites donnent du rêve une explication

que je cite, parce qu'elle a une source plus haute que les vagues démonstrations des disciples plus ou moins sincères d'Allan Kardec.

Je ne devrais pas donner ce nom comme celui de l'inventeur de la doctrine, car elle est beaucoup plus ancienne que lui. Des philosophes d'une science profonde, Socrate et Platon par exemple, en reconnaissaient la valeur. Avant eux, à l'origine des civilisations, Orphée avait pratiqué la même croyance.

Voici, en deux mots, le fond de la foi spirite :

Notre âme ou son corps matériel serait pourvu d'une enveloppe éthérée que les adeptes nomment corps astral ou double fluidique et qui sert de lien entre l'esprit et la matière. Ce double c'est le transmetteur de la volonté de l'âme, de l'action de l'âme sur les sens, agents exécuteurs. Cette enveloppe fluidique presque, mais pas tout à fait immatérielle, permet le contact entre le corps grossier et l'esprit impalpable.

La doctrine catholique qui répudie le spiritisme et le condamne dans ses moyens, en conserve le principe. La foi aux esprits, à la survivance immortelle des âmes, est à la base du dogme chrétien. La communion des saints est fondée sur ce principe. Or, un grand docteur catholique, Doellinger, dit expressément que l'âme, outre son corps terrestre, a comme un second corps, une seconde enveloppe qui ne la quitte jamais, qui ne peut pas la quitter, et qu'elle emporte en mourant. C'est pour ainsi parler un voile, un moule qui garde quelque affinité avec les organes corporels sans lesquels on ne peut imaginer que l'âme reçoive aucune impression, accomplisse aucune action, manifeste aucune volonté.

D'après les spirites c'est cette enveloppe de l'âme qui, durant le sommeil, sort de sa prison terrestre sans la quitter entièrement. L'âme s'extériorise et recueille les images ambiantes, les gestes inscrits dans l'espace, les actes photographiés dans ce vide si peuplé, si rempli, dans cet invisible sans limites où nos yeux ne discernent rien, mais où les tableaux se multiplient, où les formes se superposent, comme les inscriptions dans un palimpseste.

L'invisible, c'est en réalité une plaque sensible, où tout s'imprime par l'effet des rayons lumineux. Mais, précisément, parce que *tout* s'imprime sur ce fond de l'espace immense, les images sont confuses, les lignes s'enchevêtrent et le double fluidique perçoit — souvent en aspect chaotique — des impressions, des gestes, des images dont le souvenir plus ou moins exact est le rêve.

Cette théorie du *double* a donné naissance à beaucoup de croyances superstitieuses. Les Allemands l'appellent le *double passant* et affirment qu'il vient, dans les circonstances extrêmement graves, révéler à son autre moi ce qu'il lui importe de savoir. En Ecosse, lorsque le double se montre, c'est signe de mort prochaine.

Une femme aperçut son double dans un champ où elle travaillait. Elle eut l'idée de retourner sa jupe afin de s'assurer de la réalité de sa vision. Immédiatement le fantôme répéta le geste. Dans la même semaine elle mourut.

Walter Scott cite plusieurs faits très remarquables dont il affirme la réalité, il donne des noms et des preuves qui authentifient ces cas singuliers.

Il arriva, dit-il, à un de ses amis, assis seul à table et soupant, de se voir assis en face. C'était lui et non son fantôme : l'apparition exécutait les mêmes gestes, était vêtue de la même façon. Il ne se voyait pas comme dans un miroir, c'est-à-dire que la droite et la gauche n'étaient point interposées. Le dîneur solitaire avait un col cassé à gauche par un faux pli; l'apparition avait la même cassure, du même côté et non pas à droite, ce qui montrait bien qu'il n'y avait là aucun effet de réfraction.

C'est aussi au *double* qu'il faut attribuer ces apparitions beaucoup trop nombreuses pour que toutes soient des fantaisies de l'imagination, de personnes venant avertir de leur mort les êtres chers dont elles sont séparées.

J'ai dit ailleurs que le rêve a des causes physiologiques, des causes réelles. Il a aussi des causes physiques. Une impression provenant soit de l'extérieur et reçue par les sens (un bruit par exemple, une sensation tactile), soit des organes internes et des muscles, constitue souvent le départ du rêve. Cette excitation initiale se transmet aux centres cérébraux où s'évoque le souvenir. Ensuite elle irradie dans les autres centres, les sensitifs, les moteurs, et alors se déroulent les phénomènes si complexes et si variés du rêve.

Ainsi la cause physique se transforme en cause psychologique. Le rappel des souvenirs appartient à la psychologie, et le rêve suppose ordinairement un souvenir récent ou ancien. C'est un tissu de réminiscences précises ou vagues qui engendrent de nouvelles images. Ce qui semble bien le prouver, c'est qu'un aveugle-né ou une personne privée de la vue avant l'âge de cinq ans, n'a jamais de rêves visuels. Ils subissent des sensations, font des mouvements, entendent des sons, reçoivent des impressions, éprouvent des sentiments, mais ils ne *voient rien* ; aucun tableau, aucun paysage ne défilent devant leurs yeux.

Les souvenirs qui apparaissent dans les rêves sont relatifs aux événements du jour ou des jours précédents. Quelquefois ils se rapportent à des périodes de temps très lointaines. Il arrive aussi que les souvenirs anciens et les souvenirs récents se mêlent dans le même rêve, s'amalgament, forment un tout confus, décousu où nous ne pouvons retrouver aucun ordre, aucune forme distincte.

D'une façon générale les sujets des rêves correspondent aux occupations habituelles. Ils portent sur des objets ou des personnes connues ou non. Nous voyons souvent des paysages, des villes, des monuments, des personnages de notre entourage, de nos relations, ou des personnages imaginaires, auxquels nous attribuons un nom sans raison déterminante. Souvent aussi nos rêves retracent des scènes où nous jouons un rôle tantôt actif, tantôt passif.

CHAPITRE IV

Classification des rêves.

Cinq genres déterminés. — Les agréables et les désagréables. — Le rêve intellectuel est le plus rare. — Le fantôme qui me frappa au visage. — Soyons bons pour avoir de doux rêves.

On pourrait classer les rêves en rêves *visuels*, rêves *sensoriels* et *organiques*, rêves de *mouvement*, rêves *intellectuels*, rêves *effectifs*. Quelques mots sur chacun d'eux feront comprendre ma pensée.

D'abord, les rêves visuels, c'est-à-dire les rêves d'images. Vous remarquerez que tous les objets, les personnes, les paysages, les monuments vus en rêve ont rarement la netteté de l'image réelle. Les formes sont presque toujours indécises, un peu floues, en grisaille, comme aperçues à travers une brume fine.

En général, les objets inanimés apparaissent plus nettement que les personnes.

Les rêves sensoriels et organiques comprennent les sensations reçues par les sens et les organes. Sensations auditives : les voix, les sons nous parviennent un peu assourdis.

Mais en rêve les impressions visuelles sont plus fréquentes que les sensations auditives. Il est rare d'entendre des morceaux de musique étendus, de belles symphonies, des sons éclatants.

Le goût et l'odorat donnent peu de sensations perceptibles en rêve.

Les sensations organiques sont souvent accompagnées de douleurs vives. La douleur est fréquente chez quelques dormeurs, rare chez d'autres.

Les sensations organiques se traduisent parfois de façon extrêmement bizarres et causent encore plus de honte et d'ennui que d'orgueil ou de plaisir. Ceci se rattache aux rêves affectifs, aux rêves de sentiment. Il en est d'agréables et il en est de pénibles.

Nous éprouvons souvent, en effet, des sentiments qui nous charment ou des émotions qui nous angoissent. En rêve on peut ressentir l'amitié, la colère, la rancune, le ravissement, la jalousie, la joie, la tristesse, l'inquiétude, l'orgueil, l'amour, etc. Le rêve vaut ce que vaut le sentiment approuvé.

Les rêves de mouvement qui donnent le plaisir le plus intense sont ceux de locomotion aérienne, de vol dans les espaces. Quelquefois, — mais alors la sensation est douloureuse et réveille en sursaut, — on tombe d'un point élevé. Les rêves de mouvement sont rares chez les sédentaires et les vieillards.

Les rêves intellectuels sont la preuve manifeste que les centres cérébraux supérieurs continuent à fonctionner. On peut, en effet, dans le rêve, analyser, juger, raisonner, conclure, abstraire, généraliser. Seulement dans la plupart des cas, on raisonne de travers ; on juge faussement ; on discute de la façon la plus invraisemblable. Les facultés ne s'exercent que pour donner aux objets des aspects grotesques ou fantasmagoriques. Mais parfois elles fonctionnent normalement. Il en est, parmi les dormeurs, qui peuvent résoudre une équation algébrique ou composer des pages exquises. Voltaire prétendit avoir fait en rêve un chant de la *Henriade*. Ce qui est sûr, c'est qu'il a toujours soutenu qu'il avait écrit en rêvant ce quatrain :

> Mon cher Touron que tu m'enchantes
> Par la douceur de tes accents !
> Que tes vers sont doux et coulants !
> Tu les fais comme tu les chantes.

Ce sont, il est vrai, des cas exceptionnels. Ordinairement la vie intellectuelle est peu intense durant le sommeil ; l'attention ne se fixe que superficiellement.

La plupart des notions sont abolies. La raison ne s'étonne nullement des contradictions des images avec la réalité. Souvent les personnages ou les objets qui nous apparaissent en rêve n'ont qu'une ressemblance très lointaine avec le réel, ce qui ne nous empêche pas de les reconnaître et de les nommer avec assurance. Nous voyons des personnes mortes, et nous les voyons vivantes sans aucune surprise ; nous les savons mortes sans en éprouver de chagrin.

A ce propos beaucoup de ceux qui ont étudié les phénomènes du rêve prétendent que l'image d'une personne décédée ne peut être vue en rêve que longtemps après sa mort. Je puis m'inscrire en faux contre cette assertion, car j'ai vu en songe l'image de morts très chers tout de suite après leur disparition.

La notion de durée n'existe pas dans les rêves. Des espaces de temps considérables tiennent dans un intervalle très court. Quelqu'un rêva qu'il était pris dans une tourmente révolutionnaire, arrêté, emprisonné, traduit devant un tribunal inique, jugé, condamné à mort, jeté sur une charrette et conduit à l'échafaud. Il se vit montant les degrés d'infamie, il sentit sur sa nuque le froid du couperet, après en avoir entendu le déclic, tout cela dans les quelques secondes qu'il fallut à la tringle de fer soutenant les rideaux de son lit pour se détacher, lui tomber sur le cou, lui causer, en même temps qu'une impression de froid sur la peau, une sensation d'étouffement. Ceci vient à l'appui de ce que j'ai dit des causes physiques initiales.

Moi-même, une nuit, j'ai vu pénétrer dans ma chambre un fantôme au visage irrité, tenant à la main un bouquet de bruyère blanche. Il s'avança vers mon lit, m'adressa des phrases menaçantes dont je ne me rappelai rien au réveil et prononça d'une voix caverneuse ces mots, les seuls dont je pus me souvenir : « Tu aimes ces fleurs, je t'en apporte, mais elles te tueront. » Et son bouquet me souffleta si bien que je m'éveillai. C'était vrai, j'avais bien reçu le soufflet. Un bouquet de fleurs sèches lié à un petit cadre à la tête de mon lit s'était détaché et était tombé sur ma figure. Cause réelle, effet réel, mais déformé.

On agit dans le rêve tant que dure l'intensité du rêve, mais toujours pour aboutir à une impuissance radicale, à une impossibilité absolue d'achever l'action en train, de terminer le geste. Ceci se produit dans le moment qui précède immédiatement le réveil.

Il arrive aussi, assez fréquemment même, que nous voudrions poursuivre un rêve agréable, le prolonger ou le recommencer. Impossible, il nous échappe malgré nos efforts.

Nul ne peut se procurer à son gré tel ou tel rêve. Quelques personnes disent qu'il faut penser le soir aux personnes ou aux choses auxquelles on désire rêver. Ce moyen n'est pas d'une efficacité générale ni absolue. Suivant une opinion basée sur de nombreuses expériences, on rêve surtout à ce qui, durant le jour, effleura la pensée sans qu'elle pût ou voulût s'appesantir.

Lorsque l'esprit est plein d'un objet, il est très rare qu'on le retrouve dans les rêves. Très rare aussi de voir en songe les êtres chers disparus et dont la pensée ne se détache point.

Je dis que nul ne peut régler ses rêves, s'en procurer de doux et d'aimables ou éviter les fâcheux. Les anciens prétendaient le contraire; ils possédaient des recettes *efficaces* pour évoquer des songes favorables, se rendre propices la Lune dont les songes étaient les messagers, Gé, la déesse de la terre, et Hermès le dieu souverain de la nuit.

La première de ces recettes, la plus facile à réaliser, était de placer une branche de laurier près de sa tête.

Voilà qui n'est guère difficile. Ils avaient aussi des amulettes, pierres ou fleurs, formules écrites et dessins mystiques. Ils y ajoutaient des prières particulières.

Voulez-vous un conseil sur ce point? Les songes doux s'évoquent naturellement d'un cœur paisible et d'une conscience calme. Le méchant n'a point de rêves heureux. Faites du bien à tous, aimez et dévouez-vous dans la mesure de vos moyens, et même un peu plus, et vos nuits seront peuplées de souvenirs et de visions agréables. Ne lisez pas le soir des pages noires qui se répéteront en images horrifiantes. Endormez-vous sur des pensées aimables et vous aurez de beaux rêves.

Et aussi réglez votre sommeil ; ne faites pas du jour la nuit et de la nuit le jour. Il est difficile, lorsque les heures du repos sont ainsi interverties, d'empêcher les bruits extérieurs, les mille rumeurs de la rue, d'arriver jusqu'au dormeur. Or, ces bruits ont, à son insu, une répercussion très fâcheuse sur son cerveau et ses nerfs. De douloureux cauchemars s'engendrent dans ce sommeil à contresens. A nous d'avoir la sagesse de savoir y remédier.

CHAPITRE V

Il y a deux catégories de rêves.

Le mystère du souvenir et de l'oubli. — Rêver qu'on rêve. — Sommeil sans rêve est-il la mort ?

Il est un point discuté : la généralisation du Rêve : rêve-t-on toujours ?

Si oui, il y a des rêves dont nous ne gardons aucun souvenir.

Beaucoup de personnes affirment qu'elles ne rêvent jamais.

C'est que chez elles, la pensée s'abolit tout entière. Ceci ne se produit que dans le sommeil naturel très, très profond, ou dans le sommeil hypnotique sans suggestion.

En réalité il y a deux catégories de rêves : ceux qui ne laissent qu'une trace éphémère, et ceux dont le souvenir précise le contenu. Dans le premier cas, on se souvient d'avoir rêvé, sans pouvoir fixer une seule image, un seul signe. Dans le second cas, les divers accidents ont tracé un sillon qui persiste un peu de temps. Remarque si souvent faite qu'elle établit une expérience très étendue : on se souvient mieux des rêves qui précèdent immédiatement le réveil, d'autre part on ne se souvient *jamais* des rêves durant lesquels on parla à haute voix. Mais il arrive fréquemment que l'on se réveille en parlant ainsi ou en criant.

Une différence fondamentale entre l'état de veille et l'état de rêve est celle-ci : dans la veille, l'être a conscience du rêve; tandis que dans le rêve, il ne saurait avoir conscience d'un autre état.

Il se produit parfois un effet bizarre. On rêve que l'on rêve; c'est une impression très nette, mais fort difficile à expliquer.

Une question encore plus obscure que celle

du sommeil et du rêve porte sur le point de savoir si le sommeil sans rêve est total, s'il est véritablement cette mort temporaire dont parlent les poètes. Tout démontre au contraire que l'être n'est jamais complètement endormi; une lueur veille; le sens de la vie pratique, l'instinct de conservation ont de brusques sursauts. La volonté même d'une certaine façon peut être actionnée. Dans les cauchemars, par exemple, lorsqu'un grand péril semble menacer le dormeur, il *veut* y échapper, il *veut* se réveiller, et il se réveille.

D'ailleurs dans tous les cas, il est permis de dire que l'on se réveille aussitôt que l'on a conscience de rêver.

CHAPITRE VI

Le rêve et la médecine.

L'avis des Orientaux. — L'état de santé des divers organes peut-il engendrer des rêves ? — La vision dans le sommeil.

Dans le temps où la médecine relevait surtout de l'empirisme, les médecins faisaient très large la part de l'imprévu et du hasard. Ignorant la constitution physique de l'homme, puisque la dissection interdite par toutes les religions anciennes l'était également par les canons de l'Église romaine, ceux qui faisaient métier de soulager les maux de l'humanité étaient réduits à travailler au petit bonheur, à poser leurs diagnostics sur des données incertaines et variables.

Rien d'étonnant donc à ce qu'ils cherchassent dans les rêves un supplément d'informations. Ils pensaient, non sans raison, que l'état de l'organisme pouvait se manifester par le moyen des songes, que le jeu des organes influe d'une manière sensible sur les vibrations du cerveau et y détermine des séries de mouvements dont la combinaison révèle l'origine. Suivant que le sang est pauvre ou riche, que le rythme du cœur est normal ou ne l'est pas, que la bile est abondante ou en quantité restreinte, des images se forment, des couleurs se succèdent, des fantômes s'esquissent, des pensées naissent, des mouvements s'exécutent très divers et intéressants à observer. De là, à tirer des inductions, à établir des formules, il n'y avait qu'un pas; l'ancienne médecine fit ce pas.

Et cela date de loin, car les Chinois qui gardent avec un soin jaloux les plus antiques et les plus obscures traditions, connaissent ce procédé et le réalisent dans la pratique. Les Hindous font de même et la méthode si elle n'est pas d'une science très exacte est néanmoins curieuse. Basée sur l'expérience, elle l'est sans doute encore plus sur de nombreuses quoique fortuites coïncidences.

Les thérapeutes d'Orient considèrent le cœur, les poumons, les reins, la rate et le foie comme les principaux facteurs des divers mouvements du cerveau. Suivant qu'il y a réplétion ou inanition de l'organe, qu'il est hypertrophié ou anémié, les rêves changent, les fantasmagories du sommeil prennent un sens particulier.

De même la médecine moderne attribue la plupart des cauchemars à la mauvaise digestion, ou à la position incommode prise par le dormeur. Une pesanteur d'estomac se transforme en écrasement sous un éboulis de mur ou de rocher, à l'enfouissement dans les ténèbres d'un *in pace*.

L'inflammation des voies respiratoires provoque souvent une espèce particulière de rêve où l'on se voit étranglé, décollé ou livré à quelque supplice du même genre.

L'engorgement des gros vaisseaux du cerveau et du cœur amène des cauchemars pénibles, des étouffements douloureux, avec sensation de mort imminente. Il est utile de tenir compte de cette indication toute physique, très réelle, et de modifier son régime, d'y introduire un exercice rationnel, une alimentation sobre, de manière à rendre le sang plus fluide, à dégager les vaisseaux, à écarter les menaces de congestion.

Rêve-t-on très souvent de paralysie totale ou partielle, les mêmes précautions sont nécessaires. Ce rêve répété indique une circulation défectueuse du sang, une composition anormale des éléments qui le composent, l'engourdissement momentané des muscles moteurs qui pourrait se changer en engourdissement définitif.

C'est le cri de la nature : *Garde à vous !* Il est téméraire, sous prétexte que *tout songe est mensonge*, de négliger ces avertissements.

Le docteur allemand Gessner ayant rêvé qu'il était mordu au côté par un serpent, eut à ce point même, un anthrax dont il mourut. La piqûre ressentie durant son sommeil était comme le toc toc de la mort annonçant son approche.

Arnaud de Villeneuve fut, en songe, piqué au pied par une vipère; à son réveil il remarqua un commencement de mal qui devint cancéreux.

Je pourrais multiplier les exemples car ils abondent, mais ceux-ci sont suffisants pour démontrer que la voix des songes ne doit pas être traitée toujours comme une faribole. Fréquemment une cause réelle produit dans le rêve un effet réel.

Voici un échantillon des diagnostics que les Orientaux tirent des rêves :

Lorsque la circulation du sang est trop active pour que le cœur y suffise, il y a réplétion, les vaisseaux s'engorgent : et l'on rêve de fantômes et de monstres.

L'inanition de cet organe, c'est-à-dire l'insuffisance du courant sanguin, le ralentissement du rythme produisent un état pendant lequel des éblouissements passent devant la rétine; on rêve de feu, de flamme, de lumière et d'incendie.

Une règle identique s'applique aux autres organes. Remarque aisée à faire : les anémiques rêvent souvent de ruisseaux, de cascades, de sources murmurantes ; les asthmatiques d'assassins, de pendaison, de strangulation, ce qui s'explique par la sensation réelle d'étouffement qu'ils subissent dans l'inconscience du sommeil.

Un grand nombre de médecins assurent, que, hors l'état de veille, les sens — sauf la vue — ne sont qu'amortis. Leur aptitude à percevoir est amoindrie, pas annihilée; les sensations extérieures continuent d'arriver aux centres nerveux qui les recueillent de façon incomplète, pêle-mêle; car ils sont eux-mêmes en état de sommeil. Ces sensations évoquent des idées, des formes qui se juxtaposent, s'associent au hasard, et il devient à peu près impossible de distinguer la vérité de l'erreur.

Il y aurait à dire des choses intéressantes au sujet de la vision dans le sommeil. Puisque les images ne se projettent pas sur la rétine voilée par les paupières closes, il faut donc en inférer qu'il est un autre mode de vision, que l'œil n'est pas l'instrument unique de transmission, s'il est le plus parfait. Les images, en effet, nous apparaissent avec leurs formes, leurs dimensions, leurs couleurs. Des études d'un grand intérêt scientifique poursuivies sur ce sujet ont donné des résultats fort curieux sur lesquels il serait trop long de s'étendre. On arriverait à faire *voir* les aveugles en mettant les images en contact direct avec les centres visuels par le moyen des réseaux nerveux qui les relient. Ce qui est absolument certain, c'est que des visions déterminées et colorées se forment dans le cerveau, sans que l'œil y joue aucun rôle.

CHAPITRE VII

Les rêves sont-ils prophétiques ?

Le rêve est une vision de l'avenir autant que du passé. — Un exemple : L'aventure de M. Bérard. — Autres exemples fameux.

La croyance que les images apparues dans le sommeil sont des signes révélateurs du Destin est une des superstitions essentielles de l'humanité. C'est une conséquence naturelle de l'idée religieuse innée dans l'âme de tous les peuples, de tous les temps et de tous les pays. Elle suppose, en effet, la foi à l'existence d'un être ou d'êtres supérieurs à l'homme en intelligence et lui envoyant par le moyen des rêves, des avertissements et des conseils. Dès l'époque des conquérants assyriens, la science des songes fut une des méthodes les plus usuelles pour connaître la volonté des dieux.

Cette croyance s'appuyait sur un raisonnement philosophique. Dans l'impuissance de la volonté à redresser les images incohérentes du rêve, les Anciens voyaient l'intervention indéniable de la divinité, et le lien avec le monde surnaturel.

Les rêves jouaient donc chez eux un rôle considérable; leur influence se faisait sentir dans toutes les circonstances de la vie privée et même de la vie publique, et cette influence, dans notre civilisation éclairée et raffinée, s'est conservée au moins dans les classes de culture élémentaire. Ceux dont la mentalité n'a pas été développée par une haute éducation intellectuelle attribuent aux rêves une importance dont nous ne pouvons que difficilement nous faire une idée. Ils continuent, sans s'en douter, les plus fameux philosophes. Même Aristote rattachait les rêves au monde surnaturel; il les regardait comme des communications divines faites en langage symbolique pour être observées et interprétées par l'intelligence humaine. « Du moment, disait-il, que l'esprit ne se dirige plus, que la volonté est impuissante à régler et à coordonner les images, les sentiments, les impressions, l'impulsion directe des puissances supérieures se manifeste ouvertement. »

Eschyle assurait que l'esprit, quand on dort, a les yeux perçants, et Marc-Aurèle pensait que les dieux ont la bonté de donner aux hommes, par les songes, les secours dont ils ont besoin. Mais les Anciens n'acceptaient pas à l'aveuglette tous les signes ; ils savaient que la qualité des songes est subordonnée au bon fonctionnement des organes, surtout aux phénomènes de la circulation et de la digestion. Aussi accordaient-ils plus de créance aux songes du matin et négligeaient-ils ceux qui suivaient un repas trop copieux. Après l'ingestion de fèves, les songes étaient considérés comme absolument dénués de vérité. Il était recommandé de ne pas se coucher sur le côté droit, ni sur le dos, car cette sorte de station comprime le foie, *miroir des songes vrais*. Et voyez la persistance de la tradition : nous disons encore aujourd'hui que dormir sur le dos provoque le cauchemar. C'est un fait d'expérience, et l'expérience l'emporte sur la science théorique.

L'influence des saisons était un facteur considérable dans l'interprétation des songes, bonne au printemps, mauvaise en automne, à cause des perturbations atmosphériques qui déforment les images sur l'écran céleste où la volonté divine les photographie. Les différentes positions de la lune entraient aussi comme d'importants facteurs dans l'explication des songes; il en était de même de l'heure du jour ou de la nuit. La signification de certaines heures (3 heures, 9 heures, midi, minuit) était particulièrement symbolique.

Malgré l'exemple des Anciens, la foi aux songes annonciateurs rencontre des incrédules. Plusieurs disent : « Le rêve appartient au passé, donc il ne saurait être prophétique. » D'abord, est-il sûr que le rêve appartient toujours au passé? Cela dépend de la manière dont on interprète le signe.

Ainsi on rêve d'une personne à laquelle on n'avait pas pensé depuis un très long temps; on en reçoit des nouvelles ou on la voit dans la journée. Le rêve a été prophétique. Mais cette personne appartient à notre passé, ce qui justifie la règle.

Plusieurs prétendent qu'on ne rêve pas de personnes ou de choses jamais vues, jamais connues.

Cette affirmation est contredite par des observations émanant d'érudits dont le nom fait autorité.

Mon illustre ami, M. Flammarion, rapporte ce fait curieux! Un excursionniste, M. Bérard s'étant arrêté dans une auberge isolée, vit en songe tous les détails d'un assassinat qui devait être commis plus tard dans la chambre même qu'il occupait. Par le singulier effet de dédoublement fréquent dans les rêves, il était en même temps spectateur et acteur.

Un autre que lui était couché dans le lit de cette pauvre chambre et il assistait au meurtre. Le couple d'aubergistes, deux vieux à tête patriarcale, entra à la lueur d'une lanterne, et marchant à pas étouffés ; l'homme posa sa lanterne sur une table, empila des oreillers sur la tête du dormeur, et, aidé de sa femme, les appuya de toutes ses forces. La victime râla un peu de temps, puis tout bruit s'éteignit. Alors le meurtrier alla ouvrir une porte donnant accès dans une grange ; on y descendait par une échelle. Il prit ensuite la lanterne dont il tint l'anneau avec ses dents afin d'avoir les mains libres. Il saisit le cadavre par les épaules ; la femme le souleva par les pieds, et tous deux se dirigèrent vers la porte, vers l'échelle, vers la grange où ils enterrèrent leur victime.

Trois ans après cette nuit de cauchemar, M. Bérard se trouvant à Paris dans le cabinet d'un de ses amis, juge d'instruction, le vit fort perplexe au sujet d'une affaire extraordinairement obscure. Un avocat, M. Victor Arnaud, avait disparu. Toutes les recherches restaient infructueuses. Il s'était arrêté pour souper et coucher dans une auberge. A partir de ce moment, nul ne l'avait revu.

Les aubergistes affirmaient qu'il était parti le lendemain matin dès la pointe du jour. En dépit de leur affirmation et de leur figure honnête, ils avaient été arrêtés. Mais impossible de les convaincre et ils niaient avec énergie le crime qu'on leur imputait. M. Bérard fut saisi par l'étrange coïncidence de cette auberge qui était celle-là même où il s'était arrêté. Il se rappela le couple et le rêve étrange qu'il avait fait; il demanda à voir les inculpés. C'étaient bien les personnages qu'il s'attendait à rencontrer. Il les confondit en leur narrant tous les détails qu'ils croyaient si bien cachés. « Vous êtes donc le diable? » cria la femme.

N'était-ce pas là un songe prophétique au premier chef?

M. Flammarion cite un autre rêve. La femme d'un mineur vit couper la corde de la benne servant à la descente des ouvriers dans les puits. Elle donna l'alarme ; le fait fut vérifié à temps, et plusieurs braves gens durent la vie à cette révélation.

Un professeur de Strasbourg vit en rêve cinq cercueils sortir de sa maison. Quelques jours plus tard, cinq personnes y furent asphyxiées par une fuite de gaz.

Les exemples pourraient être multipliés à l'infini.

J'ai dit, dans un autre chapitre, que la science et la tradition autorisent à croire aux songes prophétiques. L'histoire même foisonne de faits concluants.

Faut-il citer l'Ancien Testament, les songes du Pharaon, de Jacob, d'Athalie, de Nabuchodonosor, de Balthazar et bien d'autres? Faut-il chercher et recueillir des preuves dans les souvenirs historiques de tous les temps, citer les songes annonciateurs d'Hécube, reine de Troie, de Mandane roi de Perse, de Tarquin roi de Rome, qui virent se dérouler les circonstances mémorables de la ruine ou de la grandeur de leur pays ? Faut-il parler de Brutus qui, la veille de la bataille de Philippes, aperçut en songe un fantôme qui lui prédit sa défaite? Faut-il nommer la reine Basine, mère de Clovis, apprenant durant son sommeil l'histoire de sa descendance; rappeler que Catherine de Médicis, assista en rêve et par anticipation, au tournoi dans lequel fut tué son époux Henri II par maladresse ou autrement? N'entendit-elle pas une voix crier : « Il l'a blessé à l'œil, il l'a tué! » En effet, le roi, blessé à l'œil d'un éclat de lance qui pénétra dans le cerveau, mourut le lendemain.

La princesse de Condé suivit en rêve la bataille de Jarnac où son fils devait périr. Elle découvrit le jeune prince agonisant sous une haie. Elle se réveilla en criant : « Relevez-le; il est là dans ce fossé. » Cette vision funèbre eut le jour suivant sa terrible réalisation.

Le duc de Villeroy, ambassadeur à Vienne, sous Louis XIV, apparut en songe à sa femme restée à Paris et lui fit ses adieux, car il allait mourir. Bouleversée, la duchesse partit en poste pour l'Autriche. Quand elle arriva après plusieurs jours de voyage, son mari étai dans le cercueil, prêt à être descendu dans les caveaux de la cathédrale de Saint-Étienne. Elle voulut le revoir, et fit ouvrir le cercueil. De cette scène, c'est ce geste suprême de l'épouse éplorée, que perpétue le beau mausolée du duc dans une chapelle de Notre-Dame de Paris.

Mme Roland eut aussi en rêve la révélation de la mort de sa mère.

Franklin, cet esprit rassis et si merveilleusement équilibré, croyait aux songes symboliques et prophétiques.

Alexandre Dumas fils qui, si souvent, se plut à traiter avec moi ces mystérieuses et passionnantes questions m'a raconté que, dans la famille des Montmorency, celui qui doit mourir voit apparaître trois jours avant sa mort le dernier défunt.

Tous ces exemples viennent appuyer la foi aux songes.

Une très réelle superstition, qui a cours, dans un grand nombre de localités, veut que, à certains jours, à certains vendredis, surtout le premier vendredi de chaque mois, après l'accomplissement de rites préparatoires, après être montée au lit du pied gauche, par exemple, une jeune fille voie en rêve son futur époux. Il n'est pas besoin d'insister sur la puérilité, j'allais dire la sottise de cette croyance.

Il arriva cependant qu'une jeune fille vit en rêve un jeune homme inconnu qu'elle épousait. Quelque temps après, elle le rencontra dans le monde, et, grâce à des circonstances propices, son rêve eut une heureuse réalisation. Elle devint Mme de la Bédollière.

Ces faits et bien d'autres confirment qu'il y a des songes prophétiques, et justifient l'intérêt qui, pour un grand nombre de personnes, s'attache aux rêves. Je veux essayer d'en interpréter pour elles le langage symbolique ou soi-disant tel. Mais auparavant, et pour dire tout ce qui concerne les songes annonciateurs, je dois ajouter que, aux termes de la tradition, ceux qui jouissent de ce privilège sont particulièrement ceux du mercredi, entre neuf heures du soir et trois heures du matin.

DEUXIÈME PARTIE

La moderne clef des songes. — La parole à la tradition.

Règles élémentaires de l'oniromancie.

CHAPITRE PREMIER

Langage des rêves.

Quelques règles utiles. — Une grammaire difficile. — Où l'absence de mémoire vient tout compliquer.

Je veux tout d'abord m'expliquer. L'interprétation des songes, à part le point de vue physiologique dont j'ai parlé dans un autre chapitre, à part le point de vue télépathique soumis à des conditions délicates et difficiles à généraliser, ne doit être qu'une agréable distraction pour l'esprit, tout au plus une indication à noter par agrément ou par prudence, mais il ne faut appuyer là-dessus aucune certitude absolue. Nous ne sommes plus au temps des croyances primitives, où les communications directes des dieux avec les humains semblaient la chose la plus naturelle du monde.

Aujourd'hui, les esprits plus cultivés font aisément le départ entre la science et la fantaisie. Ils savent que le songe ne renvoie à l'homme, dans la généralité des cas, que ses impressions de l'état de veille grossies par l'imagination, la seule faculté qui subsiste entière dans le sommeil. Ce sont des réminiscences plutôt que des présages, et aussi le reflet des préoccupations actuelles du dormeur.

Ce que je me propose donc, c'est d'établir une clef des songes d'après les règles de la divination traditionnelle en y ajoutant les clartés que la physiologie et la psychologie fournissent pour certains cas. Je désire procéder de façon à lui donner l'autorité d'une longue expérience et des patientes observations réalisées au cours des siècles. C'est ce qui en fera l'intérêt particulier. On y trouvera plutôt des indications que des règles de conduite. Après avoir traité la question à son point de vue général, je la reprendrai sous une autre forme et parlerai du sens mystérieux des rêves que fournit chaque type planétaire. Le facteur principal du symbole est, en effet, l'influence astrale dominante.

Le langage des songes est fort compliqué. Non seulement chaque signe offre un sens spécial, mais ce signe est subordonné à l'état du dormeur, à l'impression qu'il a ressentie.

Il est lui-même la mesure de son rêve; celui-ci varie suivant les individus, et l'intensité est soumise à la force de la sensation.

Les imaginatifs et les nerveux chez qui les moindres impressions s'exaspèrent rêvent beaucoup plus que les individus d'esprit posé et de sang calme. Leurs rêves prennent aussi une signification particulière. Mais je ne parlerai que des généralités.

Passons aux exemples : je vois en songe un hibou, oiseau funèbre. Suivant la croyance populaire, appuyée sur de très lointaines traditions, c'est le présage de funérailles auxquelles j'assisterai. Suis-je très affectée de ce signe, très troublée, très attristée ? Ces funérailles seront celles d'un être cher, parent ou ami. Suis-je au contraire peu émue ? Je n'aurai point à porter un deuil cruel; je suivrai le convoi d'une simple connaissance, d'une relation mondaine superficielle. Suis-je tout à fait indifférente, je rencontrerai un cortège funèbre d'inconnu.

Ceci peut être formulé comme *règle générale*, d'après les anciens thèmes de l'*oniromancie*, la science des songes, établie par les premiers devins.

Une *seconde règle* est relative à l'échéance du fait annoncé.

Cette échéance, plus ou moins éloignée, se calcule d'après des formules faciles à retenir.

S'agit-il d'un animal ? Le temps dans lequel arrivera l'événement se base sur le temps nécessaire à la naissance de cet animal depuis sa conception.

Ainsi, ayant rêvé de hibou, j'assisterai à des funérailles vingt-deux jours plus tard, car il faut ce délai à l'incubation et à l'éclosion d'un œuf de cet oiseau.

Je rêve de vendange, ce qui me présage un succès d'argent; je l'attendrai pendant les quelques mois nécessaires à la floraison du raisin et à sa maturité.

Je rêve de tempête; c'est l'annonce d'un péril, mais dans un temps impossible à fixer. En effet, ce phénomène météorologique est essentiellement variable; or, tout ce qui est soumis dans le songe à des fluctuations, l'est aussi dans la réalité.

J'assiste de loin à cette tempête : l'événement fâcheux qui me menace arrivera dans un temps éloigné, les choses vues à distance se réalisant lentement.

Je rêve de bois profonds, sombres, inextricables : je m'attendrai à subir des ennuis, des embarras, des contretemps dans une période indéterminée, car la phase de germination ou de croissance est longue pour les arbres des forêts.

Une *troisième règle* consiste à prendre, en beaucoup de cas, le contre-pied du rêve.

Rêver de mort signifie mariage ; de meurtre, sûreté ; de miroir, trahison.

Cette interprétation qui fait dire : songe, mensonge, vient de l'habitude des anciens de dénommer bons les présages funestes, afin de complaire aux dieux et de les rendre favorables. Ainsi les Grecs donnaient, aux Furies, le nom d'Euménides, c'est-à-dire les *bonnes déesses*, pour éviter de froisser ces redoutables puissances.

Quatrième règle : tout ce qui est en dehors des lois naturelles, monstruosités, difformités, laideurs même, est néfaste à divers degrés.

Il en est de même dans l'état de veille. C'est une croyance très répandue en un grand nombre de pays que la rencontre d'un infirme porte malheur. Les habitants de certains cantons des Pyrénées et des Alpes croisent le pouce sur l'index dès qu'ils aperçoivent un bossu, un borgne, un manchot, un « touché de Dieu », comme ils disent.

Cinquième règle : dans le rêve comme dans la veille, la droite est bonne, la gauche mauvaise; les nombres impairs ont une excellente signification. « Le nombre impair, disaient les Anciens, est aimé des dieux. »

Sixième règle : le blanc, le bleu, toutes les couleurs douces, les bruits légers et harmonieux sont favorables. La couleur peut changer complètement le sens d'un présage.

Ainsi rêver d'un chien, dit-on, est bon signe. La science antique ne se contente pas de cette affirmation simple, elle détaille. Le chien blanc seul est annonciateur de joie; le gris prédit le malheur, sans préciser lequel; le noir un bouleversement de situation; le jaune, la ruine; le roux pronostique la guerre. Cette menace se traduit pour les individus par des discordes familiales.

Rien que par ce simple aperçu, il est facile de se rendre compte de l'immense complication de la grammaire des songes.

Les règles en sont d'autant plus difficiles à établir que la mémoire n'enregistre qu'un souvenir déformé des rêves.

L'incohérence des scènes, l'absence de

coordination dans les idées et les sentiments sont le propre des rêves. Cette incohérence même, les transformations multiples et soudaines des images, la superposition rapide des incidents, leur illogisme, devraient tenir une place importante dans l'interprétation divinatoire. Or, il est à peu près impossible de les reconstituer à l'état de veille.

L'imagination réglée par le raisonnement en fonction normale rétablit les scènes suivant l'ordre logique, comble les lacunes, et la pensée rebâtit la suite des faits en se rapprochant de la vraisemblance.

D'où erreurs nombreuses et signification à côté du sens traditionnel.

Il ne saurait en être autrement puisque le rêve ne peut être étudié qu'à l'état de veille, et que l'être conscient et raisonneur, en possession de ses facultés, est absolument différent du dormeur.

Durant la veille, nos sens se contrôlent les uns par les autres. Un bâton droit vu à travers une couche liquide paraît brisé; le toucher rétablit la vision erronée. De loin, une tour carrée paraît ronde; les arbres semblent plus petits dans la perspective d'une avenue qu'en son commencement. Dans les rêves, ce contrôle des sens est impossible. La succession des faits et des images n'obéit ni aux lois logiques ni aux lois expérimentales.

Tout est désordonné, décousu, déformé.

Je ne prétends pas donner un lexique complet des images qui apparaissent dans les songes, car les images sont infiniment nombreuses et diverses. Je veux seulement dresser une liste des principaux signes. En tête, viennent les interprétations que la tradition de l'oniromancie fait de la présence de l'être humain dans les apparitions du rêve.

CHAPITRE II

Les humains.

Les bons et les mauvais. — A quoi rêvent les jeunes filles? — Les prêtres et les militaires. — Signification de leur apparition dans les rêves.

En général les *adolescents* et les *vieillards* sont de bons présages; les *tout petits enfants* pronostiquent souvent des difficultés. Sont-ils gais, rieurs, caressants ou boudeurs, pleureurs, lourds à porter? Le signe change.

Un *homme* vêtu de blanc annonce le bonheur, la santé; le deuil, s'il a les vêtements noirs. Par analogie, un *nègre* est un présage funeste. Voir un *homme mort* est un signe de vie tranquille et sereine. Un *infirme* ou un *malade* seraient interprétés comme de mauvais présages. Mêmes pronostics pour une *femme*.

Ces indications s'aggravent d'une menace de maladie sérieuse si les morts sont habillés. Une *assemblée de femmes* doit faire craindre des propos désobligeants, des commérages. En général la vue d'une femme est mauvaise chose. Beaucoup affirment, sans rire, que si la première personne aperçue le matin du 1ᵉʳ janvier est une femme, toute l'année sera remplie d'événements fâcheux.

Un *cavalier* galopant est le signe d'un succès dans une entreprise; s'il tombe, menace de grands revers.

On voit souvent des *fantômes* en rêve. Ces apparitions sont soumises aux règles qui s'appliquent aux êtres vivants.

Un *fantôme blanc* annonce la joie; un *fantôme noir*, un deuil ou une trahison.

Voir un *mort* pronostique une existence heureuse; se *voir mort* est le présage d'une santé florissante; suivre ses propres funérailles, c'est marcher à un succès notoire et certain.

Ceci se rattache à la règle des contraires, très usitée dans la divination antique. Conformément à cette règle, un *mariage* s'interprète par un décès; un *cortège nuptial* par un *cortège funèbre*.

Un grand nombre de jeunes filles sont troublées lorsqu'un songe les transporte au jour de leur mariage, et qu'elles se voient en toilette de mariée. Elles s'imaginent y trouver un signe de mort. Il ne faut pas toujours, pour se conformer à l'oniromancie, traduire un présage de mort par son sens littéral; les règles divinatoires de la science des songes permettent de n'y voir que la mort d'une espérance, la ruine d'un désir auquel on s'était fortement attaché.

Ce peut être aussi un signe heureux; un prisonnier rêvant de mort prochaine peut y voir l'annonce de sa libération.

Vous voyez en rêve une personne de vos

connaissances ou de vos amis, un parent tendrement affectionné ; cette personne a un visage de détresse ; elle pleure ; ses gestes semblent vous appeler à son secours. Il vous est permis de croire et de craindre qu'elle soit vraiment en danger ou dans une grande affliction.

Ici, un autre facteur intervient souvent. Je veux parler du mystérieux courant télépathique dont les effets ne sont plus niés par les esprits de haute culture philosophique ou scientifique, bien que la cause en demeure inconnue.

J'étudierai ce sujet avec quelque détail dans un autre chapitre. Ce qui peut déjà être dit, c'est que le fluide télépathique n'agit pas seulement à l'état de veille ; les transmissions de pensées, les phénomènes visuels s'opèrent également durant le sommeil, sous la forme du rêve. C'est bien alors le rêve annonciateur, le rêve prophétique. J'en ai cité des exemples divers et concluants dans un précédent chapitre.

Les *esprits célestes* et les *bienheureux*, les

saints et les *saintes* sont des signes propices, de bénédictions dans la famille, et de succès personnels. Rêver du *ciel* est signe de bonheur; d'*enfer*, malheur.

Un *prêtre*, un *religieux* sont néfastes à cause de la couleur sombre de leur vêtement. Un *moine habillé de blanc* serait au contraire une promesse de contentement et de réussite. Une *religieuse* indique une protection efficace dans une situation difficile et pénible.

Un *officier* en uniforme présage un événement dont on attend une grande satisfaction. Apercevoir le *diable* annonce des tourments. Avoir affaire à des *brigands* est une vilaine chose, soit que l'on veille, soit que l'on rêve. En ce dernier cas, il faut voir, en ces mauvais compagnons, l'annonce d'une perte d'argent d'autant plus importante qu'ils sont plus nombreux.

Rêver d'un *aveugle* est signe de trahison pour soi ou pour ses proches.

Le symbolisme du rêve intéresse souvent la famille du dormeur.

Ainsi un mal quelconque ou un accident à *la tête*, se traduit par un danger pour soi-même ou pour son père. Une blessure au *pied droit* est une menace pour un frère ou une sœur; au *pied gauche*, pour un serviteur de la maison; les signes de la *main droite* s'appliquent à la mère du dormeur; ceux de la *main gauche* à ses enfants.

Point essentiel : le rôle du symbole est direct lorsque les figurants du rêve sont les amis du dormeur. Il doit être pris à rebours si ce sont des ennemis.

Tout converge donc autour de la personnalité de celui qui rêve.

Il faut aussi, dans l'interprétation du rêve, tenir compte de l'influence des coutumes locales ou individuelles.

Tête rasée est un signe néfaste, sauf pour un moine ou pour l'habitant d'un pays où il est d'usage de se raser les cheveux.

Même pronostic pour la *barbe*.

Il est donc bien difficile d'expliquer catégoriquement *les songes*. Tout au plus peut-on se hasarder à l'interprétation *d'un songe* en tenant compte de l'état d'âme d'un individu.

A ce qui précède, il convient d'ajouter quelques signes relatifs aux différents personnages que l'on voit le plus souvent en rêve. Je cite brièvement, par ordre alphabétique, afin de faciliter les recherches.

Le sens est tiré surtout de la valeur morale des individus. C'est une loi d'analogie dont l'ancienne science chaldéenne offre de très nombreux exemples. Il n'y a, en effet, qu'à examiner chacun des personnages cités et à rapprocher le sens de leur action pour découvrir les raisons hautement philosophiques servant de base à l'oniromancie. Il serait intéressant, mais un peu long, d'entrer dans le détail, de montrer comment les êtres se présentent dans les rêves avec leurs qualités et leurs défauts et y transportent leur vrai rôle. La sagacité de mes lecteurs suppléera aisément.

Acteur. — Se garder d'une tromperie.
Ami. — Bon présage.

Armée. — *En marche*, attente d'un grand événement; *victorieuse*, succès notoire; *vaincue*, présage funeste.

Badauds. — Avis importuns; conseils ridicules.

Baladin. — Une personne est intéressée à faire échouer une entreprise; s'en méfier; elle essaiera de détourner votre vigilance.

Borgne. — Présage néfaste.

Bossu. — Bon ou mauvais, selon la couleur du teint et des cheveux.

Domestiques. — Ennuis dans la maison.

Ennemis. — Voir ses ennemis, c'est échapper à leurs embûches.

Ermite. — Vie tranquille, un peu isolée.

Facteur. — Pronostique des nouvelles attendues avec impatience.

Famille. — Être en famille, signe de joie.

Fée. — Bon ou mauvais présage, suivant la qualité de la fée.

Géant. — Grande entreprise qui échoue.

Gendarme. — Symbole de sécurité.

Idiot et infirme. — Tout ce qui est déchéance et tare physique est un présage fâcheux.

Juge. — Bon présage.

Manchot. — (*Voir Idiot*).
Masques. — Trahison, mensonge.
Mendiant. — Échec.
Nain. — Entreprise avortée.
Pauvre. — Espoir d'un changement avantageux.
Portrait. — Tromperie.
Vagabond. — Faute d'initiative et d'audace.
Voleur. — Faux ami épiant votre secret.

CHAPITRE III

Les Oiseaux.

La grave question du sens dans lequel volent les oiseaux. — Le vol est une chose, l'attitude en est une autre. — De l'aigle à la tourterelle.

Plusieurs, depuis la plus haute antiquité, sont considérés comme présageant des événements heureux ou malheureux. Quelques-uns sont alternativement bons ou mauvais, selon la manière dont ils se présentent.

Le rôle fatidique d'annonciateur des événements à venir est dévolu surtout aux oiseaux de proie, aux carnassiers de tout ordre, grands et petits, nocturnes et diurnes.

Pour trouver l'explication de ce choix qui n'est pas basé sur une simple fantaisie de l'imagination, il faut se rappeler que, dans la divination antique, l'immolation sanglante et l'holocauste des victimes jouaient un rôle prépondérant. D'après l'aspect des viscères au moment du sacrifice, la couleur du sang, la manière dont il s'écoulait de la blessure, la direction de la fumée qui brûlait les chairs et les os, l'odeur exhalée par la carbonisation, les devins et les prêtres tiraient des présages favorables ou défavorables.

Or, les oiseaux de proie se nourrissant de chair étaient considérés comme les intermédiaires de la divinité, et participaient au symbolisme de la victime. Plusieurs d'entre eux, même, étaient sacrifiés en holocauste et devenaient ainsi des signes parlants.

Ces signes ont été transportés dans l'oniromancie et fournissent des interprétations nombreuses et intéressantes.

La première chose à considérer dans l'examen de ces signes, c'est non seulement *l'es-*

pèce de l'oiseau, mais aussi *son altitude, son cri, sa couleur*, l'amplitude de *son vol* et *le côté* d'où il vient et où il va.

Règle générale : le côté droit est bénéfique, c'est-à-dire d'heureux présage ; le côté gauche est maléfique.

La droite et la gauche doivent être prises par rapport au dormeur.

Cependant le sens s'est étendu et s'applique à toute une région par rapport à l'axe du monde.

Dans ce cas, la droite est considérée par rapport au mouvement apparent du soleil.

Malgré la science qui démontre la parfaite stabilité de l'astre du jour, le langage courant conserve les anciennes façons de parler. Nous disons : Le soleil se lève ; le soleil se couche.

Eh bien ! dans la divination antique, *la droite* du monde était prise du côté du soleil levant ; *la gauche*, du côté du soleil couchant ; *le haut* était le nord ; *le bas*, le sud.

Donc, si l'oiseau ou les oiseaux que nous voyons en rêve volent dans la région du levant, à l'est, par conséquent, le présage est bon en soi. Le couchant ou l'ouest est un signe funeste.

Si l'oiseau vole haut, à grands coups de ses ailes largement éployées, voyez-y le présage d'événements heureux, d'un succès notoire; d'une victoire pour une nation; d'un gain sérieux pour un individu. Si le vol est bas, les ailes à demi ouvertes, le signe devient menaçant.

Cette explication s'est introduite dans l'habitude d'observer, au jour le jour, le vol des oiseaux, à moins que les Anciens n'aient précisément adopté ce signe à cause de la connaissance attribuée à ces intéressants bipèdes des lois et concordances atmosphériques.

Lorsque les oiseaux rasent presque le sol, dans un vol hésitant et lourd, nous disons que l'orage est proche, et, si brillant que soit le soleil, si bleu le ciel, nous savons qu'une bourrasque menace. Au contraire, lorsqu'ils volent dans les couches élevées de l'atmosphère, décrivant des cercles rapides, nous escomptons la promesse d'une journée radieuse pour le lendemain.

L'oniromancie transporte dans le domaine moral cette faculté divinatoire qui n'est que le résultat d'une impression sensorielle très aiguisée par la nécessité. Les oiseaux, se mouvant dans les couches élevées de l'atmosphère, en sentent mieux, et plus vite que nous, les moindres changements.

Dans le domaine physique, le présage n'est jamais menteur; il peut en être autrement dans l'explication des songes où la croyance antique l'a placé.

Il ne faut pas confondre *le vol* avec *l'attitude*, c'est-à-dire avec la façon dont l'oiseau se tient au repos; dégagé ou roulé en boule, posé sur une patte, tête repliée sous l'aile gauche ou sous l'aile droite, autant de signes différents, annonce de bonheur ou de malheur.

Ici encore, il faut tenir compte des habitudes de l'oiseau. Voir un héron posé sur une patte n'est pas mauvais signe, au contraire.

Mais la tête sous l'aile a un mauvais

sens; *à droite*, ennuis; *à gauche*, malheur.

Je vais passer en revue tous les oiseaux dits prophétiques; ceux-là seuls offrent un intérêt, car, dès l'antiquité, leur rôle était classique en matière de présage.

Je cite dans l'ordre alphabétique.

Aigle. — L'*aigle* est bon à condition qu'il vole haut ou qu'il plane dans les airs. Ainsi vu par le dormeur, il annonce un événement heureux qui se réalisera avant la fin de l'année. Si, au contraire, l'oiseau descend droit sur le dormeur, le présage devient très funeste. Un aigle blessé signifie une perte d'argent; la ruine totale s'il est mort.

Alouette. — Ce joli petit oiseau fait espérer une rapide fortune s'il vole haut; un gain notable s'il chante ou court dans un champ; une perte s'il est pris par l'oiseleur.

Caille. — Annonce des difficultés.

Chat-huant. — Oiseau de mort; annonce de prochaines funérailles de parents ou d'amis.

Coq. — Le *coq* chantant annonce le succès d'une entreprise importante. S'il ne chante pas, c'est la guerre au logis, ou des querelles de voisinage. S'il cache sa tête sous l'aile, c'est signe d'orage au sens figuratif.

Corbeau. — Le *corbeau* menace de mort celui qui l'aperçoit, à moins qu'il ne vole à la droite du dormeur ou dans la direction considérée comme la droite du globe terrestre ; alors, c'est seulement une déception, un chagrin, quelque chose de déplaisant ; car le symbole du corbeau ne peut être bon dans son entier.

Corneille. — La *corneille* est dans le même cas que plusieurs oiseaux de proie et quelques nocturnes : *vautour, faucon, hibou, chouette*. Ce signe est bon ou mauvais suivant que ces oiseaux sont en nombre pair ou impair, qu'ils volent à droite ou à gauche ou coupent la route du dormeur. Autrefois, la corneille était toujours de bon présage et la chouette, toujours funeste.

Colombes. — C. aimables oiseaux annoncent un plaisir de famille, un mariage heureux, une déclaration d'amour.

Cygne. — Le *cygne blanc* est excellent ; mauvais, le *cygne noir*, il est la menace de tracas, de discussions pénibles, d'action en justice.

Dindon. — Le *dindon* est menace de folie dans le

cercle des connaissances du dormeur ou erreur dans une décision.

Faisan. — Annonce la bonne santé, un gain important ou un mariage inespéré.

Héron. — Présage de mécompte et d'insuccès s'il vole à gauche; à droite ou posé sur une patte, il annonce le bonheur.

Hirondelle. — L'*hirondelle* promet le bonheur conjugal et les joies du foyer. Entre-t-elle c'est le présage d'heureuses nouvelles d'amis éloignés. Si elle quitte la maison, indice que le malheur doit y entrer.

Mouette. — Annonce de longs voyages heureux. Le signe est toujours bon, sauf en cas de mariage. Alors, c'est le présage de séparations douloureuses, d'éloignement et de mort.

Oie. — Promet des honneurs.

Paon. — Voir un *paon* est très avantageux ; c'est la promesse d'une belle femme pour un jeune homme à marier, d'un beau mari pour une jeune fille, d'enfants superbes au foyer. Être changé en *paon*, signifie un voyage, d'où résultera un avancement de situation.

Perroquet. — Le perroquet donne des indications

fâcheuses ; il menace d'indiscrétions et de médisances.

Poules. — Ces volatiles offrent le même sens défavorable que le perroquet. Cancans. Si elles picorent, ruine.

Tourterelle. — Paix au foyer; amour réciproque et dévoué.

Remarque générale. — Entendre des chants d'oiseaux est toujours un signe favorable, surtout quand ces chants sont harmonieux. Le cri seul de certains nocturnes peut s'entendre dans un mauvais sens, par analogie avec la croyance populaire.

CHAPITRE IV

Les Quadrupèdes

Les meilleurs à voir en rêve sont l'éléphant et le cerf. — Les plus mauvais, la belette et le vampire.

Un certain nombre de quadrupèdes aussi sont des animaux à présages bons ou mauvais.

Ane. — L'âne est un présage détestable. *S'il court*, il pronostique une tristesse, un malheur; *s'il est au repos*, il menace de fâcheuses médisances; *s'il brait*, il nous faut craindre des fatigues au-dessus de nos forces, et des ennuis au-dessus de notre courage.

Animaux en troupe. — Nombreuses affaires très

importantes, si les animaux sont de grande taille.

Agneau. — L'*agneau* au repos et broutant indique que l'on subira une grande frayeur. *Tuer un agneau* menace de graves soucis.

Belette. — La *belette* indique l'intrusion, dans notre existence, d'une femme méchante et rusée. Elle menace aussi de procès et de mort. Ce présage est tiré, par analogie, de la détestable faculté que possède la belette de corrompre, de souiller, d'infecter tout ce qu'elle touche. Tuer la belette promet un bénéfice important.

Bélier. — Le *bélier* est signe de tyrannie, de despotisme.

Bœuf. — Le *bœuf gras* promet une vie abondante et tranquille. Un *bœuf maigre* est l'indication d'une mauvaise récolte, de la disette, d'une perte d'argent.

Bœufs en troupeaux. — Les bœufs et les taureaux sont de bon ou mauvais présage selon ce qu'ils font dans le rêve.

Brebis. — Bon signe. Vie calme ou prompt apaisement d'une situation passagèrement troublée.

Cerf. — Qui voit *un cerf* en rêve peut espérer triompher de ses ennemis.

(Le *cerf* est le seul animal des forêts qui soit d'heureux présage. Tous les autres pronostiquent un péril imminent).

Chat. — Le *chat* est mauvais. Craignez la trahison de vos amis les plus chers.

Ce joli félin si utile dans nos logis infestés de petits rongeurs, n'a pas toujours possédé sa fâcheuse réputation. Les anciens Egyptiens lui faisaient une place d'honneur et d'amitié dans la famille. A sa mort, maîtres et serviteurs prenaient le deuil. Après l'avoir embaumé, on le déposait dans un coffre que l'on enterrait dans un cimetière spécial à la gent féline ; plusieurs villes d'Egypte avaient de vastes nécropoles de chats.

Chauve-souris. — Signe de débats, de chagrins, d'ennuis, légers ou importants, selon que l'animal est seul ou en troupe. S'il vole avec obstination autour du dormeur, craindre un péril nocturne; s'il le frappe de son aile, le présage s'aggrave. C'est presque toujours la menace de trahisons sournoises.

Cheval. — Le *cheval blanc* est signe de fortune et de contentement ; *cheval attelé*, même signe, *cheval courant*, succès prochain. *Monter à cheval*, ascension dans la position du dormeur. Un *cheval noir* peut faire craindre une perte de situation, la maladie, le chagrin, le deuil. Le *cheval roux* est signe de guerre; le *cheval gris ou pie*, de vie troublée.

Chèvre. — La *chèvre* représente le caprice et l'irréflexion dans les décisions et les entreprises, se méfier des coups de tête. Une *chèvre blanche* indique une entreprise fructueuse; une *chèvre noire*, un malheur proche.

Chien. — Le *chien* promet le bonheur conjugal, (se reporter à la page 71 pour les diverses significations suivant la couleur). Entendre aboyer un chien, bon présage.

Eléphant. — Présage excellent. Victoire sur les ennemis.

Gibier. — Gibier *mort*, gain; gibier *faisandé*, argent perdu; gibier *vivant*, espoir de fortune.

Hérisson. — Défiances à vaincre; difficultés.

Lapin. — *Lapin blanc*, présage de succès ; *lapin noir*, revers; *manger du lapin*, promet la guérison aux malades, la continuation de la bonne santé aux bien portants; *tuer un lapin*, menace de trahison dans la maison.

Lion. — Bon présage; loyauté d'association dans une entreprise; triomphe.

Ménagerie. — Présage heureux ou funeste selon les animaux renfermés. En général, cette image signifie que les ennemis du dormeur ne peuvent lui nuire.

Ours. — Ennemis sournois, travail difficile, sans grands résultats.

Rat. — Rêver de *rats* signifie que des ennemis secrets menacent notre repos.

Sanglier. — Menace d'ennemis acharnés.

Singe. — Moquerie.

Souris. — Perte d'argent, misère.

Taupe. — Signifie trahison.

Tigre. — Mauvais présage; de même pour les autres félins : jaguars, panthères, hyènes, etc.

Vampire. — Grand danger pour le dormeur ou un de ses proches parents.

CHAPITRE V

Les poissons, reptiles, insectes.

Heureux les pêcheurs qui prennent en rêve du poisson. — Gare aux serpents et aux araignées.

POISSONS.

Les *poissons* signifient abondance et fortune, s'ils apparaissent nombreux à la surface de l'eau. Restent-ils au fond de l'eau, péril grave.

Pêcher. — *Pêcher de gros poissons*, signe de joie; voir pêcher n'a pas le même sens que pêcher soi-même; voir pêcher est très mauvais, c'est un signe de trahison et de détournement de perte de position par négligence. Pêcher soi-même, surtout *de gros poissons*, signe de joie, en pêcher *de petits*, difficultés. La tradition ne distingue pas entre les différentes espèces de poissons, ni entre ceux d'eau douce ou d'eau salée. Il faut mettre à part l'anguille, qui elle, a une signification bien tranchée et mauvaise.

Anguille. — Retard dans une chose qu'on attend impatiemment ; méchanceté qui va vous atteindre.

Morte. — Moins malfaisante.

Arêtes de poissons. — Obstacles multipliés dont on triomphera.

Coquillages. — Intrigues sournoises.

Huîtres. — Manger des huîtres est un bon présage, un gain prochain et sûr.

REPTILES.

Les *reptiles* en général sont un des plus mauvais présages, calomnies, fourberies, trahisons, nous guettent.

Crapaud. — Le moins mauvais : avertissement d'un danger d'empoisonnement, d'un péril caché, d'ennemis sournois. Certains en font la promesse d'une amitié vraie.

Grenouille. — Voir et entendre des *grenouilles*

est le présage d'indiscrétions qui nous seront très préjudiciables.

Lézard. — Menace de persécution. Sage défiance. Quand on voit un lézard en même temps qu'un serpent, le mauvais présage s'atténue.

Scorpions. — Grand péril par diffamation.

INSECTES.

Abeilles. — Les industrieuses bestioles indiquent un profit pour les pauvres, une inquiétude pour les riches. Les tuer est un très mauvais signe; en être piqué prédit un échec.

Araignée. — Ce vilain insecte annonce des procès, des pièges, des intrigues, des trahisons d'amis. La tuer signifie gain, d'autant plus important qu'elle est de plus grosse espèce.

Chenille. — Trahison.

Guêpe. — Méchanceté.

Hannetons. — Les *hannetons*, menace d'importunités dont on aura grand'peine à se débarrasser.

Limaçon. — L'humble *limaçon* est annonciateur de succès et d'honneurs tout comme l'oie stupide. Toujours la règle des contrastes.

Mouches. — Persécutions mesquines.
Vermines. — Signe assuré de gains fructueux. Cela dépend néanmoins de la nature du dormeur. Il y en a pour qui ce symbole veut dire misère.

Nota. — Tous les monstres animaux sont de fort mauvais présages.

CHAPITRE VI

Les Végétaux.

Il y a du bon et du mauvais, comme dans tout; seuls les légumes, à deux exceptions près, sont un indice déplorable!

Arbres. — Symbole variable suivant les espèces. Des *arbres renversés*, ennui; *plantés en allée*, long bonheur; *verts ou fleuris*, joie inattendue; *secs*, perte d'argent; *couverts de fruits*, richesse. Réunis *en forêt*, perte et ennui pour les riches, bonheur pour les pauvres. Un *arbre foudroyé*, est un fâcheux symbole.
Acacia. — Malheur.
Blé. — Prospérité, gain, richesse.
Chardon. — Déloyauté.
Chêne. — Longue vie, succès notoires, réussite

marquée, triomphe sur tous les rivaux et les ennemis.

Epines. — Obstacles, difficultés.

Feuilles. — Le vol des feuilles pronostique la ruine d'espérances légitimes ou une maladie grave. Le bruissement des feuilles annonce la joie.

Foin. — Profit.

Genêt. — Abondance.

Gui. — Joies de famille; prochaines fiançailles.

Haie. — Grands embarras dont la volonté triomphe.

Houx. — Bonheur bien gardé.

Laurier. — Réussite; le cueillir, triomphe.

Marron. — Succès après travail.

Noyer. — Danger.

Paille. — Se rouler sur la paille, en lier des bottes, misère.

Peuplier. — Amitié fidèle et dévouée.

Rameaux brisés. — Rupture d'amitié.

Sapin. — Réconfort et constance dans une entreprise commencée qui réussira certainement.

Saule. — Tristesse prochaine.

FRUITS.

Les *fruits* en général signifient abondance. Quelques-uns ont une signification particulière. Si la saison en est passée lors du rêve, c'est l'indice de trahison et d'échec.

Cerises. — *Cerises aigres* sont menace de pleurs; *douces*, de bonnes nouvelles.

Fleurs. — Rêver de fleurs est signe de joie, si on les voit en leur saison ; sinon elles signifient obstacles, difficultés. Les *fleurs blanches* sont signe de mort; les fleurs rouges, de guérison.

Pensée. — La *pensée* est de mauvais présage, cueillir des *pensées*, les réunir en bouquet c'est l'assurance qu'une bonne promesse qui nous fut faite, ne se réalisera pas.

Raisins. — Des *raisins mûrs* promettent toute jouissance à qui les cueille ou les mange.

Rose. — La *rose* en particulier, annonce une heureuse nouvelle.

LÉGUMES.

Champignons. — Les *champignons* sont la promesse d'une bonne santé et d'une longue vie.

Fèves. — *Manger des fèves* est un présage détestable, une menace de procès, de déloyauté, de mensonge. Les fèves blanches ont ce sens ; les fèves noires y ajoutent l'imminence d'un grand danger.

Navets. — Les *navets* indiquent le mensonge.

Pois. — Le *pois* est favorable. Il pronostique que notre confiance dans les gens et les choses est bien placée. Sauf les *pois* et les *champignons*, tous les légumes ont un sens défavorable.

CHAPITRE VII

Divers.

Les édifices et autres constructions. — Choses et autres : petits et grands objets. — Autant d'objets, autant de sens.

EDIFICES ET AUTRES LIEUX

Abbaye ou Église. — Y entrer, consolation.
Abîme. — Tomber dans *un abîme* prédit des insultes à subir. Chute de position
Abri. — Chercher *un abri*, s'y réfugier, nous avertit qu'une inquiétude, un ennui nous menace.
Ambulance. — Menace de blessure pour un ami ou un parent.
Auberge. — S'arrêter dans une auberge, graves inquiétudes.
Cabane et chaumière. — Vie modeste, petit gain.

Cabaret. — Querelle avec ses voisins.
Cave. — *Pleine*, abondance; *vide*, ruine.
Château. — Événement heureux prochain; rencontre d'un protecteur.
Couvent. — Paix et contentement.
Grange. — *Pleine*, richesse; *vide*, ruine.
Grenier. — Vie pauvre.
Grotte. — Abandon d'amis.
Hôtel. — Entrer dans un hôtel : maladie.
Impasse. — Entreprise à laquelle il faut renoncer.
Mansarde. — Pauvreté.
Masure. — Misère.
Moulin. — Richesse par le travail.
Musée. — Plaisirs de l'esprit.
Palais. — Voir un *palais*, chagrin; l'*habiter*, promesse d'influence puissante.
Pensionnat. — Gaieté.
Phare. — Amitié fidèle préservant du danger. Protection.
Prison. — *Y entrer*, fatigue; *en sortir*, travail.
Souterrain. — Angoisse.
Tour. — Succès, élévation.
Théâtre. — Prochaine réception d'amis.
Tribunal. — Procès en perspective.
Tunnel. — Entreprise laborieuse et longue.

DIVERS (*suite*).

Aiguilles. — Petites méchancetés dans notre entourage.
Allumettes. — Empoisonnement.
Anneau. — Engagement.
Antre. — Angoisse.
Arc. — Succès si la flèche atteint le but.
Arc-en-ciel. — A l'est, l'*arc-en-ciel* promet du bonheur aux pauvres; à l'ouest, il en promet aux riches; au-dessus de soi, changement de fortune, arrangement d'affaires.
Argent. — L'*argent trouvé* est une menace de chagrin; l'*argent perdu* annonce la réussite dans les affaires. De petites pièces d'argent annoncent la richesse; l'or pronostique la misère. *Compter de l'argent* est signe de gains importants; *le dépenser*, signe de ruine; *le ramasser*, signe de prospérité.
Autel. — Consolation.
Avalanche. — Grand péril pour plusieurs membres de la famille du dormeur.
Bague. — Porter une ou plusieurs bagues prédit

la puissance, la réussite dans ses entreprises; en *recevoir en présent* assure une protection efficace; c'est aussi un signe de mariage.

Bâillon. — Trahison.

Balai. — Ennemi démasqué et chassé.

Balcon. — Succès éphémère.

Balle. — *Jouer à la balle* indique qu'une occasion propice va se présenter; la voir *rouler devant soi*, c'est un retard dans un succès espéré.

Ballon. — Succès éphémère.

Banc. — *De mousse*, petit travail; *de bois*, gain modeste; *de pierre*, gain important.

Barbe (*coupée*). — Menace de maladie.

Barque. — Petit voyage.

Bâton. — Ennuis durant un voyage.

Béquilles. — Accident probable.

Berceau. — Naissance dans la famille.

Bicyclette (aller à). — Réussite prompte.

Bijou. — Affaire avantageuse — la couleur de la pierre doit être considérée.

Bolides, feu Saint-Elme. — Accident si on les voit à gauche ; succès d'argent à droite.

Bonbons (manger). — Dépenses inutiles.

Boue. — Menace de maladie ou de misère.

Bouquet. — Prochaine visite d'une personne chère.

Bourse. — *Pleine*, perte d'argent; *vidé*, argent trouvé.

Bruit. — Querelle.

Café. — En boire; fatigue.

Cage. — Accusation ridicule.

Cailloux. — Signe excellent; plus ils sont nombreux, plus le présage est bon.

Camp. — Repos et vacances.

Campagne. — *Aller à la campagne* peut être heureux ou malheureux, suivant la couleur de l'herbe : verte, joie; jaune, détresse.

Canal. — Réussite, grâce à une aide amicale.

Canon. — *Entendre le canon*, renversement d'une espérance, grande contrariété.

Cartes. — Jeu dangereux. Y jouer, tromperie.

Caverne. — Pénétrer dans une caverne, n'en pouvoir sortir, indique que le dormeur aura à souffrir une douloureuse angoisse.

Cercueil. — Deuil de famille.

Chaîne. — Indice de tristesse, de fatigue, de débats.

Champ. — Prospérité.

Chapeau. — *Le perdre*; soucis.

Char. — Travail facile, récompense certaine.

Charbons. — Rêver de *charbons* est néfaste ; éteints, c'est présage de mort ; allumés, embûches.

Charrette. — Travail dont on se tire avec un peu de peine.

Cheminée. — Si elle flambe, signe de joie.

Cheveux. — *Cheveux* qui tombent ou qu'on arrache, perte d'amis ou d'argent ; mort autour de soi. Se coiffer, maladie pour soi-même.

Chiffres. — Fatigue cérébrale.

Cierges. — Maladie.

Cils. — *Qui tombent*, maladie.

Ciseaux. — Mort d'ami.

Citerne. — Danger.

Clef. — Confidences.

Clocher (monter). — Ambition réalisée.

Cloches. — Entendre *sonner des cloches*, alarmes justifiées.

Clous. — *Enfoncer des clous* écarte un malheur menaçant.

(Autrefois les portes étaient extérieurement bardées de gros clous pointus, afin que les sorcières jeteuses de mauvais sorts ne pussent approcher. Leurs vêtements s'accrocheraient aux clous, disaient les crédules, et les sorts y demeureraient fixés, sans pénétrer à l'intérieur. Les gargouilles devaient aussi écarter les sorts diaboliques.)

Coffre. — *Plein*, soucis; *vide*, réussite.
Colonnes. — Tombent-elles? menace de maladie.
Confitures. — Petite brouille entre amis.
Copeaux. — Vains efforts.
Cor. — Tristesse — échec.
Corbeille. — Désir de fortune.
Corbillard. — Triomphe.
Corde. — Entraves.
Couronne. — Porter en rêve *une couronne d'or*, signe d'*honneurs;* une *couronne d'argent*, signe de santé; une *couronne de verdure*, signe de plaisir.
Couteaux. — Péril imminent.
Crêpe *frite*. — Plaisir.
Croix. — *Une seule croix*, mort éloignée; *deux croix*, péril évité, bonheur; *trois croix*, honneurs. *Des croix en nombre incalculable*, prospérité.

Cuve *pleine*. — Richesse ; *vide*, pauvreté.

Cyclone. — Catastrophe.

Dents. — Dents qui tombent, présage de maladie grave ; mort de parents ou d'amis ; petites dents, mort d'enfant ; grosses, mort de parents.

Dés. — Funestes si les nombres sont fatidiques, 13, si on amène 1, 3, 7, 9 ou 12. Blanc, signe de mort.

Désert. — Déception.

Don. — Reproches.

Drapeau. — Succès éclatant.

Eau. — Boire de l'*eau fraîche*, fortune imminente ; de l'*eau chaude*, maladie ou accident. Voir de l'*eau trouble*, menace de chagrin ; se *baigner* dans cette *eau trouble*, perte de parents proches ou d'amis chers. Se *baigner* dans l'*eau claire*, bonne santé ; *sauter* ou *tomber dans l'eau*, persécution. Eau *courante*, bonheur. Eau *stagnante*, tristesse. Eau *tombant en cascade*, abondance. Entendre le murmure de l'eau est un très bon présage. Voir une *inondation*, accident grave en perspective. Le présage est très bon lorsque des objets jetés dans l'eau s'y enfoncent.

Échelle. — Réussite obtenue après de longs efforts.

Écheveau. — Affaire embrouillée; le *dévider*, sortir de ses embarras.

Éclairs. — Annonce de discordes familiales.

Éclipse. — Danger de mort.

Écueil. — Des écueils semés sur la mer symbolisent les difficultés que le dormeur rencontrera dans ses affaires.

Escalier. — *Monter un escalier*, réussite; le descendre, perte de situation. *Tomber dans un escalier*, danger de maladie.

Étoiles. — *Des étoiles brillantes* annoncent une bonne nouvelle; mauvaise nouvelle si les étoiles sont pâles. *Une chute d'étoiles* présage des revers. *Une seule étoile filante* traversant le ciel de part en part, de droite à gauche, est l'annonce d'une mort subite; de haut en bas, bonheur.

Exil. — Grande tristesse.

Fanal. — La flamme brillant au sommet d'une tour est un heureux présage : celui d'une amitié fidèle, d'un guide éclairé et sûr, d'un bon conseil qui viendra à son heure et mettra fin à de pénibles indécisions.

Fardeau. — Est figuratif d'une tâche difficile à accomplir, d'un devoir ardu à réaliser, d'une peine de cœur à souffrir. Si l'on vient à bout de soulever le faix, le présage est bon; l'effort réussira.

Fauteuil. — S'asseoir dans un fauteuil indique un prochain changement de situation, fin d'ennuis.

Feu. — *Allumer du feu*, c'est préparer un événement grave; voir le feu *sans fumée*, promesse de santé; *avec fumée*, menace de querelle. *Un incendie*, si le feu est clair et ne consume pas la maison, est signe d'honneur; si la maison est détruite et que la fumée masque la flamme, il faut lire le signe d'une ruine imprévue.

Feu d'artifice. — Réjouissances auxquelles le dormeur sera convié.

Fil. — Symbolise une suite d'efforts à exécuter.

Filets. — *Jeter les filets*, signe d'entreprise difficile; menace de mauvais temps venant traverser nos projets.

Foin. — *Non coupé*, espoir d'une affaire avantageuse; *sec et rentré* dans le grenier, bonne affaire réalisée.

Fosse. — Tomber dans une fosse, présage funeste; objets flottants sur l'eau, difficultés non insurmontables.

Flambeau. — *Allumé*, bonheur; *éteint*, ruine, querelle ou emprisonnement dans l'entourage du dormeur.

Flamme. — Droite, triomphe; *inclinée* à *gauche*, malheur; à *droite*, bonheur.

Fontaine. — Une *fontaine claire* promet au dormeur abondance de biens, joie et santé. Le contraire si l'eau est trouble.

Fossés. — Obstacles à surmonter.

Foudre. — Chagrins imprévus.

Fumée. — *La fumée* annonce des difficultés, vite abolies si elle monte droit vers le ciel; plus tenaces, si le vent la pousse à droite; insurmontables, si elle s'envole à gauche. *Fumée blanche*, petits ennuis; *grise*, ennuis plus pénibles; *noire*, grandes peines.

Galette. — Plaisirs simples en famille.

Gants. — Fait prévoir l'assistance prochaine à une cérémonie ou une visite importante. — *Perdre ses gants*, commettre une bévue.

Gâteaux. — Besogne agréable.

Gibet. — Rêver de *pendu* ou d'échafaud est signe de réussite.

Girouette. — Volte-face irraisonnée dans ses résolutions.

Glace. — Voir une surface glacée est symbole d'embûches sournoisement dissimulées.

Gouffre. — *Y tomber*, très mauvais signe; *y échapper*, salut inespéré.

Grille. — Obstacles faciles à surmonter.

Gué. — Aide propice donnée à temps.

Hache. — Travail exigeant un effort pénible.

Halle. — Affaires vastes et compliquées.

Hamac. — Repos.

Horloge. — Rappel ou annonce d'une affaire importante qu'il ne faut pas manquer.

Huile. — *Huile renversée*, paix compromise.

Ile. — Menace de l'abandon d'une personne aimée.

Images. — Plaisir prochain.

Jambes. — Eprouver la sensation d'avoir plusieurs jambes est un signe fâcheux; *avoir mal aux jambes*, les sentir engourdies, menace de paralysie.

Jardin. — Travail agréable en perspective.

Jeu. — Bon signe seulement quand on perd; le gain présage des soucis.

Jouet. — Se méfier de la personne qui offre le jouet; elle tentera de détourner d'une affaire sérieuse l'attention du dormeur.

Journal. — *Le lire*, s'attendre à une nouvelle intéressante.

Labyrinthe. — Embarras inextricables; angoisses.
Lait. — *Boire du lait* promet la rencontre d'une amitié fidèle.
Lampe. — Bon présage, comme tout ce qui est lumière, surtout si la lampe est tenue de la main droite.
Lanterne. — Doutes sur la conduite à tenir dans une affaire.
Lettres. — Bonnes nouvelles.
Levier. — Aide amicale qui aidera le dormeur à triompher dans un effort sérieux.
Linceul. — Tristesse, mort d'un proche.
Linge. — Le *linge blanc* annonce un mariage imminent; le *linge usé*, la ruine; le *linge sale*, un décès dans l'entourage du dormeur. *Laver du linge*, présage des difficultés dont on se tire avec bonheur.
Lit. — Maladie pour soi ou quelqu'un de son entourage.
Locomotive. — Grand voyage.
Lune. — La *lune* est funeste. En *son plein*, elle menace de retard dans les affaires; *pâle*, elle est annonciatrice de chagrin; *brouillée*, de maladie.
Manteau. — Si l'on s'en couvre, avances d'argent

consenties à un ami; si on l'offre, on sera soi-
même en pénurie d'argent.

Médaille. — Succès. S'il s'agit d'une médaille de
piété, consolation.

Mer. — *Mer paisible*, réussite dans les affaires;
mer tourmentée, échec.

Meule. — Réussite après des efforts considérables.

Miroir. — Trahison.

Montagne. — La gravir, triomphe; la descendre,
obstacles, difficultés.

Mur. — *Un mur* coupant le chemin du dormeur,
grande peine; le *franchir*, victoire, contentement.

Nœud. — Embarras proportionnés à la difficulté
de défaire le nœud.

Nuages. — Les *nuages* sont signe de brouille
entre amis et parents. La brouille est d'autant
plus longue et plus accentuée que la couleur des
nuages, va du blanc au noir.

Œufs. — *Entiers*, abondance; *blancs*, bonheur;
rouges, victoire; *cassés*, malheur; *brouillés*, discorde, cancans.

Orage. — Mauvais signe, péril imminent, revers.

Osselets. — Les osselets tournés du côté concave,

argent perdu; du côté convexe, argent gagné; sur les côtés, obstacle vaincu.

Paille. — *Étalée*, misère: *en bottes*, vie confortable et aisée.

Pain. — *Pain blanc*, joie prochaine; *pain bis*, peine; *pain frais*, espérance de bonheur ; *pain rassis*, ennui.

Panier. — Espérance de succès proportionnés à sa dimension.

Parapluie. — Secours trouvé dans un besoin pressant.

Pâté. — Abondance.

Pierres. — Obstacles.

Pluie. — *Pluie fine*, petites difficultés; *pluie abondante*, fortune; *grosse pluie d'orage*, accident.

Plumes. — Ennuis légers.

Pompe. — Travail difficultueux et fatigant.

Pont. — Travail difficile à réaliser.

Poupée. — Plaisirs brefs.

Prison. — Etre en prison signifie de grands embarras dans lesquels on se trouve absolument pris.
— Sortir de prison, c'est se libérer de ses soucis.
Cela peut aussi être le signe d'un péril de mort.

Puits. — Danger.

Quenouille. — Pauvreté.

Récoltes. — Fortune.
Ruines. — Grand chagrin.
Sable. — Déception.
Sac. — *Vide*, soucis; *plein*, travail productif.
Sang. — Blessure dangereuse pour quelqu'un de l'entourage du dormeur, si le sang coule de belle couleur; s'il est noirâtre, le danger est pour lui-même.
Sel. — Le *sel* a toujours joué un rôle important dans les sacrifices rituels et les exorcismes. Pour cette raison, on lui attribue d'excellents présages. Le *renverser* est signe de peines.
Soleil. — *Éclatant*, triomphe; *voilé*, situation fâcheuse; *rouge*, guerre pour une nation; discorde entre parents.
Soupirail. — Grandes difficultés.
Table. — Etre à table, Grands biens.
Tambour. — Bavardages nuisibles.
Tempête. — Une *tempête sur mer*, signe de grand danger, d'embûches.
Ténèbres. — Danger par trahison d'amis.
Tombe. — Péril de mort.
Tonneau. — *Vide*, embarras d'argent; *plein*, prospérité.
Torche. — Bon conseil.

Traîneau. — Voyage agréable.
Trappe. — Trahison.
Trésor. — Espérances déçues.
Trône. — Changement d'état.
Vent. — *Vent doux*, bonheur; *vent d'orage*, malheur.
Verre. — *Verre brisé*, présage de succès.
Vêtements. — *Blancs*, joie; *noirs*, deuil; *usés*, tristesse.
Vin. — *Vin répandu*, bonheur.
Volcan. — Danger au cours d'un voyage.
Volière. — Médisance faisant rompre des accords de mariage.

CHAPITRE VIII

Actes et sensations.

Il y a symbole et symbole. — Rire est mauvais en rêve. Mais la musique et la danse sont d'heureux présages.

Il y a, dans les rêves, d'autres signes symboliques que ceux que je viens d'énumérer. Les sensations *auditives* et *olfactives* sont rares, mais, néanmoins, elles se produisent assez souvent pour qu'il soit utile d'en tenir compte. D'autre part, le dormeur est acteur dans ses rêves ; il fait des gestes, accomplit des actions, joue un rôle dans des scènes variées. Ce sont autant de pronostics à étudier.

Absence. — Nouvelles lointaines.
Acheter. — Annonce un gain; *vendre*, une perte.
Affaires. — Grandes préoccupations.
Affront. — Compliments à recevoir.
Affût. — Recherches couronnées de succès.
Amputation. — Menace de blessure au membre amputé.
Angelus. — Joie.
Applaudissements. — Reproches mérités.
Ascension. — Triomphe sur des rivaux — haute situation.
Attaque. — Se garder contre un danger d'autant plus grand que l'on a affaire à un plus grand nombre d'ennemis.
Aumône. — Présent à recevoir.
Arriver. — Voyage mené à bien.
Arroser. — Espoir de fortune.
Bain. — Plaisir prochain.
Baiser la terre. — Humiliation.
Bal. — Funérailles.
Bataille. — Rivalité d'amour.
Bâtir. — Renversement de situation.
Battre. — Grands efforts.
Bénédiction. — Grands espoirs.
Blessure. — Selon le nombre, maladie.

Boiter. — Arriver péniblement au but.
Brouille. — Accordailles.
Cancans. — Petites méchancetés dans le voisinage du dormeur.
Carnage. — Ennemis ligués.
Cauchemar. — Grave maladie.
Cécité. — Malheur imminent.
Cercle. — Événement dont on ne sait comment se tirer.
Chagrin. — Joie proche.
Chasser. — Annonce des fatigues sans but.
Chute. — Une *chute ordinaire* est l'annonce d'un échec, d'une confusion ; une *chute d'un lieu très élevé* est une aggravation de ce signe. Au point de vue physiologique, tomber de haut, indique un défaut de circulation ; un mauvais état du cœur, si cet effet se répète très souvent.
Colère. — Querelle.
Courir. — Est signe de gain fructueux.
Convalescence. — Petit danger que l'on évitera avec un peu de prudence.
Cortège. — Enterrement.
Cri. — Mauvaise nouvelle.
Cuisine (Faire la). — Accomplir un travail qui donne de beaux bénéfices.

Coucher (Se). — Manquer de prudence dans une décision importante.

Coups. — Gain inattendu.

Couvert (Mettre le). — S'attendre à un ennui.

Danger. — Départ d'un ami cher.

Danse. — Le dormeur rêve qu'il danse ou voit danser. C'est toujours un très bon signe. Tous les gestes aisés, joyeux, doivent être favorablement interprétés.

Déchirer. — Entreprendre une affaire qui ne réussira pas.

Déclouer. — Entreprendre une affaire qui réussira difficilement.

Découdre. — Terminer une querelle.

Dégringoler. — Ruine ou grosse perte d'argent.

Déménager. — Changement de situation.

Descendre. — Catastrophe.

Déshabiller (Se). — Imprévoyance et résolutions imprudentes.

Déterrer. — Embarras finis.

Dévider. — Sortir d'une situation fâcheuse.

Discussion. — Réunion d'amis.

Dormir. — Mauvais présage.

Embourber (S'). — Très funeste. Ce songe s'applique à un péril prochain.

Embuscade. — Trahison.
Émeute. — Embarras créés par la jalousie.
Enlèvement. — Succès de situation.
Enterré. — Menace de maladie grave.
Enterrement. — Menace de maladie grave.
Épidémie. — Danger pour la famille du dormeur.
Étudier. — Apprendre une bonne nouvelle.
Évanouissement. — Maladie.
Exécution. — Disparition d'une personne nuisible dans l'entourage du dormeur.
Exil. — Voyage lointain et malheureux.
Exposition. — Succès artistiques.
Faim — Réussite.
Famine. — Vains efforts.
Faucher. — Travail productif.
Fête. — Nouvelles fâcheuses.
Fiançailles. — Bonnes nouvelles.
Flotter sur l'eau. — Guérison d'une maladie sérieuse.
Gestes. — Tromperie.
Goût (Amertume). — Tristesses prochaines.
Grimper. — *A un arbre*, bon présage; à *un mât*, travail inutile.
Hériter. — Perte importante.

Honneurs. — *Rendus*, bon présage ; *reçus*, médisances.
Illumination. — Grande joie.
Inondation. — Mauvaises affaires.
Invisible (Se sentir). — Très bon présage.
Ivresse. — Le présage est aussi très favorable.
Labourer. — Prospérité dans sa maison.
Lever (Se). — Bon présage.
Lire. — Lettre depuis longtemps attendue.
Loterie. — Mauvaises chances ; vol domestique.
Maladie. — Être malade en rêve présage une tristesse.
Manège (Être dans un). — Travail sans but et sans résultat.
Manger. — Maladie suivant ce qu'on mange.
Marcher. — *En plaine*, bon présage ; *en montagne*, triomphe après travail ; *sous bois*, ennuis.
Mariage. — Mort parmi les connaissances du dormeur.
Menaces. — Difficultés aussitôt disparues.
Mer (Être au bord). — Grande entreprise à tenter.
Métamorphose. — Se sentir métamorphosé de quelque façon que ce soit, indique que l'on fera de longs voyages.

Meurtre. — Victoire.

Monter. — Efforts couronnés de succès.

Morsure. — Blessure au membre atteint.

Musique. — Faire ou entendre de la musique est un rêve non seulement agréable, mais propice, à moins qu'il ne s'agisse d'une abominable cacophonie, signe de médisance. Les instruments éclatants présagent la réussite ; le *violon*, la concorde. *Chanter* est signe de peine à subir.

Nager. — Promet aisance et fin d'ennuis.

Naufrage. — Y échapper, bon présage.

Neige. — *Étalée*, fortune ; *qui tombe*, menus soucis.

Noces. — Y prendre part, c'est attendre une joie brève.

Nombre sept. — Le meilleur de tous les présages quand les objets se présentent par groupes de sept.

Odeurs. — Les odeurs douces, fraîches, suaves sont bonnes ; les autres néfastes et menacent de difficultés pénibles au logis.

Parc (Être dans un). — Se débattre au milieu d'affaires embrouillées.

Patiner. — Gain facile.

Partir. — Mauvaises nouvelles.

Peur. — Méchanceté d'une personne en qui le dormeur a mis sa confiance.

Pleurer. — Événement heureux dans un temps proche.

Prier. — Présage d'une grande joie.

Procession. — Court voyage de plaisir.

Promenade. — Une *promenade* indique une joie rapide.

Quête. — Perte d'argent.

Rixe. — Éclat dans une affaire.

Rage. — Grave péril. — Calomnie amenant un désastre.

Repas. — Signe heureux ou néfaste, suivant la composition du repas. Manger *par terre* est présage de violences. Manger des viandes rôties ou grillées, c'est l'annonce de succès, de victoire, de gain. Manger des viandes bouillies, des ragoûts, c'est la menace d'une maladie, l'approche d'une mauvaise nouvelle, des propos désobligeants. Manger des aliments pauvres, c'est un bon présage, un plaisir inattendu.

Ressusciter. — Triompher sur ses ennemis.

Réveillon. — Joies familiales.

Rire. — Annonce un chagrin tout proche.

Vent. — Entendre le vent souffler, voir se courber les arbres, c'est péril de fortune.

Vol aérien. — Joie, triomphe, aplanissement de tous les obstacles après bien des ennuis.

Voyage. — *Rêver de voyage*, est signe que l'on entreprendra une chose importante, pleine d'aléas et de difficultés. Un voyage sur terre indique une chose qui ne touchera que vous-même. Sur mer, elle touchera toute la famille et, plus la mer sera calme, meilleure sera la chose ; si la mer est agitée, tristesse, ennuis sont à prévoir en proportion de la fureur des eaux.

CHAPITRE IX

Explication de certaines particularités à connaître.

Les anciens avaient raison de croire aux rêves. — La pensée qui dort et la pensée qui agit dans le demi-sommeil.

Ces indications fournies par l'antique science des songes que pratiquaient les Grecs, les Romains, et avant eux, les Chaldéens, les Juifs, les Egyptiens, rapprochées des formules de la croyance populaire, montrent bien l'ancienneté de cette tradition. Il est clair que cette tradition s'est altérée, déformée au cours des âges, comme se sont déformées les pratiques rituelles de la divination et même l'idée religieuse primitive.

Il n'en est pas moins intéressant, j'allais dire amusant, de chercher à en déchiffrer l'énigme. Enigme très embrouillée, encore plus difficile à deviner que celle du fameux sphinx à qui Œdipe eut affaire.

Car les signes ne se présentent pas toujours seuls; je pourrais presque assurer, qu'ils ne se présentent jamais seuls. Il arrive souvent que, dans le même rêve, les images se juxtaposent ou se mêlent, que les tableaux s'embrouillent de manière à rendre insoluble le problème.

Les transformations sont multiples et rapides. Une apparition prometteuse d'une joie, d'un succès, se change tout à coup en une chose informe ou monstrueuse du plus mauvais présage. Un fantôme blanc, signe de bonheur, devient noir presque instantanément. Un animal gracieux se transforme en animal repoussant; un chien, en oiseau aux ailes étranges et démesurées; une colombe, en dragon, etc. Les plus étonnantes, les plus grotesques, les plus épouvantables fantasmagories se succèdent en quelques secondes dans le même rêve.

Il est alors bien difficile d'établir un pronostic, de donner à ces images complexes une signification. Ce n'est pas impossible cependant. La transformation du signe conduit à une interprétation contraire du sens. Par exemple, si un signe néfaste remplace dans la même succession d'images un signe propice, on peut y voir le mélange de succès et de revers, d'heurs et de malheurs qui attendent le dormeur. S'agit-t-il d'une entreprise à réaliser ? Des échecs alterneront avec des réussites éphémères. Si le signe final est funeste, le résultat final sera fâcheux. Une figure aimable apparaît pour se changer, presque aussitôt, en une chose laide et repoussante : voyons-y la menace d'une défection, l'hostilité d'un ami cher ; une relation précieuse devenue ennemie. Nous goûtons d'un fruit d'apparence savoureuse ; il est exécrable, craignons une perfidie.

Un très grand nombre d'indications se tirent, par analogie, des indications primitives.

Mais ce qui complique plus que tout, la science des songes, c'est la différence des tempéraments, des mentalités, des individualités. De même qu'une maladie revêt des formes distinctes suivant les individus, les dispositions organiques, l'âge, le sexe, les habitudes de vivre, qu'il est impossible de lui appliquer un traitement unique, de même, il faut tenir compte d'une multitude de facteurs dans l'interprétation d'un même songe.

Et, d'abord, y a-t-il des formes de songes, des catégories qui se répètent chez les dormeurs ? On peut répondre hardiment NON. Il y a des signes, mais ces signes se présentent dans un ordre spécial qui varie pour chaque personne, non seulement d'après son tempérament, sa résistance nerveuse, son sexe, son âge, comme je viens de le dire, mais encore suivant ses occupations habituelles, ainsi que je l'ai noté dans un autre chapitre. Des exceptions se produisent néanmoins. Je puis en constater une par rapport à moi-même. Bien que je passe une partie de mon temps à écrire, je ne rêve presque jamais que j'écris. Je ne lis pas non plus en songe, et je nombrerais difficilement les livres dont j'ai dévoré les pages. Au contraire, ayant beaucoup voyagé, je fais des rêves visuels, je vois des paysages, des villes, des monuments. Si je ne rêve pas à ce que j'écris, je rêve assez souvent de chiromancie. Il m'arrive même, ayant, par exemple, un moulage de mains à approfondir, une étude délicate à faire, d'y *penser* endormie. Je souligne « penser » parce que, en effet, je ne *rêve* pas à vrai dire au travail qui m'occupe, mais, par une sorte de propriété de nature, le matin, surtout, avant de m'éveiller, dans un état de demi-sommeil, je songe involontairement à ce que j'ai à faire et, *malgré moi*, quelque chose évoque dans mon cerveau l'étude en train, la préoccupation du moment, et je distingue alors des choses que je n'aurais pas vues, et dont, généralement, je me souviens au réveil.

Un professeur de mes amis rêve très souvent de son cours, de ses élèves. Il fait une leçon et donne des explications. Par contre un autre ami, officier de l'armée coloniale qui a assisté à maintes escarmouches, à maints combats, ne rêve jamais de bataille.

Je connais un explorateur des brousses africaines, que ses songes ne reportent jamais au cœur des forêts vierges.

Je veux citer encore un cas assez étrange.

Un jeune homme préparait un examen compliqué de sciences mathématiques. Un problème le préoccupait et le séduisait, en même temps, par les difficultés qui s'y trouvaient rassemblées. Après en avoir vainement cherché la solution de toutes les manières qu'il pouvait imaginer, il y renonça; le lendemain, il se força à n'y plus penser. Deux nuits plus tard, en rêve, il se vit devant un tableau noir, la craie à la main, établissant de multiples équations. Son professeur entra, lui dit: « Vous n'en sortirez pas ainsi; voilà ce qu'il faut faire ». Et, prenant la craie, il recommença les opérations algébriques.

Instantanément le jeune homme se réveilla.

Son rêve lui restait présent comme s'il avait vu la scène à l'état de veille. Il saute en bas de son lit, court, sans prendre le temps de se vêtir, à sa table de travail, saisit une plume, une feuille blanche, copie les équations qu'il a réalisées sur le tableau noir.

C'était un problème de concours. Il fut classé premier, *pour l'élégance de la solution*.

Le professeur, je pourrais le nommer, lorsqu'il entendit le récit de ce rêve, ne put, malgré toute son envie, demeurer sceptique : le fait était patent et bien significatif de la mystérieuse irrigation cérébrale nocturne.

CHAPITRE X

Les songes et les influences astrales.

Nous sommes dominés par les astres. — Leur influence décide de nos rêves.

Les rapports de celles-ci avec ceux-là sont trop nombreux et trop importants pour ne pas faire l'objet d'un chapitre spécial. Même la matière est si abondante que je vais seulement poser des jalons sur le chemin où vous vous plaisez à errer, amis lecteurs, vous laissant le plaisir de découvrir et d'appliquer les résultats de vos découvertes.

Afin de faciliter cette étude passablement ardue, je commence par diviser les êtres, champ d'expérience, en deux catégories : les intellectuels et les élémentaires. Dans la première catégorie, prendront place, non seulement ceux que passionnent les choses de l'esprit, mais tous ceux dont l'intelligence a reçu une culture générale, au-dessus de la moyenne. Dans la seconde entreront tous ceux dont les facultés n'ont été que peu ou pas développées.

Il est très clair, en effet, que les imaginatifs, les sensitifs, les actifs et les passifs ne voient ni ne comprennent les choses de la même façon; qu'ils n'envisagent pas les événements sous le même angle, et que cette disposition, qui tient essentiellement à leur nature, se retrouve au même degré dans le sommeil et dans l'état de veille.

Or, les facultés, les dispositions naturelles, la mentalité, pour tout dire, dépendent, sinon en totalité, du moins en très grande partie des influences exercées sur chaque individu par les astres dominant dans le ciel, à l'heure de sa naissance. Ces influences, ces forces qui s'exerceront durant toute sa vie constituent l'agent principal, le facteur essentiel de sa personnalité. Les indications que chacun peut recueillir des avertissements mystérieux des rêves varient donc d'après le type planétaire et l'apport astral.

Mais dès le premier essai d'investigation dans cette voie, une difficulté sérieuse, très sérieuse, se présente. Un type est rarement simple, rarement pur; il est presque toujours composé des caractères imposés par deux, trois planètes, quelquefois davantage. Le mieux est alors d'asseoir son hypothèse sur les influences dominantes, c'est-à-dire sur le type qui l'emporte dans l'être composé ou de faire la moyenne, si ces influences semblent se balancer exactement.

Suivez-moi bien, ami lecteur; je tâcherai d'être claire.

Prenons d'abord un être du type Jupitérien, et choisissons-le parmi ceux de la première catégorie, parmi les esprits cultivés. Le bonheur, les joies qui lui seront annoncés par les songes se rapporteront à des choses délicates et excellentes. Un Jupitérien élémentaire goûtera surtout le côté un peu grossier des plaisirs de la table et des jouissances matérielles. Les signes de satisfaction qui lui viendront par ses rêves lui feront entrevoir des noces, des festins, des amours faciles.

Le dormeur est-il un intellectuel du type Saturnien ? ses rêves lui promettront, s'il y est question de succès, des découvertes passionnantes, des jouissances d'orgueil, d'ambition, d'ascension vers le pouvoir et le gouvernement des autres hommes, de grandes richesses dont il fera un magnifique emploi.

Est-il un élémentaire ? ce sera promesse de gain plus modeste, terres acquises, belles récoltes, soumission de sa femme, passive obéissance de ses enfants.

Le type tient-il des deux planètes ? Le dormeur, suivant l'influence dominante en sa personne, donnera aux signes un symbolisme différent. Plus Jupitérien que Saturnien, il espérera monter vers les plus hauts emplois dans le monde ou bien il craindra l'échec de ses superbes ambitions. Plus Saturnien que Jupitérien, les promesses de puissance qui lui sont faites se réaliseront surtout dans le domaine de l'occulte ou dans le champ religieux.

Si Vénus met son empreinte sur le type où Jupiter fait prédominer son influence joyeuse, le dormeur interprétera par des satisfactions amoureuses les promesses de bonheur semées dans ses rêves. Si l'influence de Saturne domine, gare aux méfaits de la belle Vénus, aux trahisons d'amour et à leurs suites fâcheuses.

Autre chose. Suivant le type auquel appartient le dormeur, les objets lui apparaissent sous un aspect déformé et des couleurs particulières. Un Jupitérien, s'il rêve de monstres, leur prête des formes grandioses ; il voit défiler des animaux à face d'homme, des corps ailés et lumineux. Un Saturnien, au contraire, verra de terrifiantes difformités, de repoussantes horreurs. Aussi peut-on dire que, pour lui, ces horreurs, ces difformités, n'ont pas le sens redoutable qu'elles auraient pour un Jupitérien. Car tout ce qui est en concordance avec la nature est figuratif d'harmonie et de plaisir.

Un mauvais présage se double en intensité par opposition. Je m'explique : la vue d'un serpent serait très menaçante pour un dormeur Jupitérien ; elle lui présagerait une catastrophe. Ce signe ferait tout au plus pressentir un ennui à un Saturnien, une difficulté dont il se tirerait aisément.

Il en est de même des bois touffus, inextricables, des vastes eaux glauques et dormantes. Un Jupitérien, un Solaire, pourraient y voir un signe funeste, un Lunatique qui, par nature, aime les eaux et les bois, y trouvera d'heureuses promesses, de la richesse en perspective, des succès, de la joie.

D'après ces brèves explications, on voit combien sont variées et innombrables les inductions tirées des signes extérieurs de nos rêves. Pour les êtres marqués de l'empreinte de Mars, un signe pacifique en soi devient symbole de violence ; une brouille devient une querelle ; un geste inoffensif appelle la guerre.

Je ne puis m'étendre davantage sur ce point et développer tous les détails qui concourent à la fixation d'un type planétaire, analyser les différentes influences astrales auxquelles il est soumis. J'ai traité longuement ce sujet dans mon ouvrage l'*Enigme de la Main*. De plus, j'ai donné chaque année, dans mon Almanach, des notions très suffisantes pour mettre chacun de mes lecteurs à même de déterminer son type. Aidée de ces règles brèves et précises, toute personne désireuse d'élucider le sens ou les sens de ses rêves s'en tirera avec assez de facilité.

CHAPITRE XI

La couleur des images du rêve.

Le foncé n'est pas favorable; le clair est favorable. C'est l'éternel combat du jour et de la nuit.

Dans un chapitre précédent, j'ai effleuré ce point que la couleur change souvent en totalité la valeur du signe, de l'image symbolique présentée dans le rêve. Je veux réunir ici le symbolisme des couleurs afin que l'étude soit simplifiée pour ceux que ces questions intéressent. Tout le monde connaît les couleurs primitives, dites couleurs du spectre solaire. Elles proviennent, par réfraction, de la décomposition de la lumière blanche. Le blanc n'est donc pas une couleur à proprement parler : c'est la synthèse de toutes les autres. Le noir n'est pas une couleur non plus, mais l'absence de toute réfraction. C'est donc une inexactitude de parler du blanc et du noir, néanmoins, je continuerai d'employer ces termes qui sont du langage courant.

Les principales couleurs que nous connaissons — je n'entends pas seulement les couleurs du prisme — sont : le violet, formé de bleu et de rouge; le rouge; l'orangé, formé de rouge et de jaune; le vert formé de jaune et de bleu; le bleu; l'indigo; le marron formé de rouge, de jaune et de noir.

Par le mélange de ces couleurs, on obtient de nouvelles couleurs et une infinité de nuances intermédiaires. Suivant que le ton est plus ou moins foncé ou clair, une même couleur possède un symbolisme différent.

En général, toutes les nuances foncées expriment des choses mauvaises; les claires ont une signification joyeuse; toute couleur violente exprime des passions excessives; toute couleur mélangée de noir a une signification contraire à celle qui lui est attribuée si elle est seule.

Ainsi le rouge vif symbolise l'amour ardent; le rouge et noir, la haine furieuse.

Parlons d'abord du violet. Le violet, dans ses nuances chaudes, symbolise la puissance; dans ses nuances sombres, la tristesse; dans ses nuances claires, la douceur, la tempérance et la sagesse.

Avant d'aller plus loin, voyons l'application de ces distinctions aux images aperçues en rêve.

Si l'on porte un vêtement ou un bijou violet; si l'un des figurants du rêve est ainsi vêtu, la déduction est aisée, suivant la valeur du ton. Sombre et terne, c'est un chagrin pour nous ou quelqu'un de nos proches; chaud et velouté, c'est un avancement de situation, une ascension dans l'autorité; clair, c'est une affaire embrouillée, une situation embarrassante dont nous nous tirerons avec habileté et délicatesse.

Ainsi, quelle que soit la nature de l'image fatidique du rêve, son espèce et sa forme, la couleur vient en modifier le sens figuratif, en bien ou en mal.

J'insiste sur l'adjonction du noir à une autre couleur. Le noir, mêlé au ton de violet qui promet la puissance et l'autorité, y ajoute une menace d'intrigue et de trahison; des inimitiés dangereuses s'élèveront et entraveront l'ascension vers le pouvoir.

Je passe au rouge. Le rouge foncé est symbolique de passions violentes, d'amour exaspéré jusqu'au crime. Il n'est inoffensif que pour les Martiens. Le rouge vif est l'amour ardent, prêt à briser tous les obstacles. Du rouge clair au rose pâle, c'est toute la gamme des affections plus tranquilles, mais non moins fidèles. Rien de tragique dans les sentiments que ces couleurs éveillent. Néanmoins, si le noir s'y mêle, la tendresse se transforme en aversion. Avec le rouge foncé, le noir est symbole de haine féroce, comme je l'ai déjà dit.

L'orangé n'est pas une couleur simple, mais un composé de rouge et de jaune. Son symbolisme participe donc de celui de ses deux composants. Il figure l'amour heureux, entouré de luxe ou tout au moins d'aisance, car le jaune est le signe de la richesse et de la bonne humeur — cela dépend de la valeur du ton. J'y reviendrai tout à l'heure.

Toute image de couleur orangée a donc une signification bénéfique, quelle qu'elle soit : fleur, vêtement, bijou, etc.

Le jaune peut être foncé ou clair; dans le premier cas, le noir et le vert concourent à sa formation et ce jaune devient figuratif de richesses mal acquises ou engendrant de basses convoitises, des revendications haineuses.

Le jaune clair symbolise la vie paisible dans un labeur bien réglé et donnant un gain assuré et suffisant, par conséquent la tranquillité matérielle pour soi et les siens.

Le vert foncé, dans lequel entre du noir, est symbole d'espérance déçue, d'efforts avortés, de jalousie, de méchanceté, d'acheminement à la folie. Le diable était représenté par les Primitifs habillé de rouge sombre et chaussé de souliers verts. Il avait d'énormes yeux verts. Le bourreau était habillé mi-partie vert et rouge. Ces deux couleurs composaient également le costume du fou à la cour et chez les grands seigneurs. Ces coutumes s'inspiraient d'une antique tradition. Les instincts de méchanceté et de folie ont toujours été attachés à ces signes extérieurs. Toute figure qui, dans un songe, apparaît sous ces couleurs, est considérée comme maléfique.

Il faut attribuer le même sens aux bois très sombres; se promener sous des ramures épaisses, des arbres au feuillage presque noir, est une menace de danger, une menace prochaine.

Au contraire, une promenade à travers les prés verdissants et fleuris, dans la campagne lumineuse est d'un heureux présage, car les verts clairs signifient l'espérance, la gaieté, les douces satisfactions de l'esprit et du cœur, une vie joyeuse, exempte de grands soucis.

Le vert clair et le jaune clair sont surtout bénéfiques pour les Solaires, les Mercuriens et les Jupitériens. Il n'y a d'exception à la règle funeste du vert sombre que pour les Saturniens et les Lunatiques, comme je l'ai dit, car cette image figurative concorde avec les goûts qu'ils tiennent des influences astrales et de leurs types planétaires.

Le bleu foncé est significatif d'autorité, le bleu et noir, de despotisme et de tyrannie; le bleu clair, de candeur et de fidélité dans la tendresse, de loyauté dans tous les sentiments. Si une figure de rêve apparaît vêtue de bleu clair, elle annonce le bonheur imminent, la franchise et la pureté de l'amitié qui s'offre, une situation calme. Vêtue de bleu foncé, elle fait prévoir l'obligation d'un sacrifice qui coûte, des rapports tendus avec des supérieurs rigides quoique justes.

L'indigo est bénéfique, bien que ce ne soit pas une couleur claire, mais elle est franche, c'est-à-dire qu'il n'y a pas de noir dans sa composition. Donc, aucun fâcheux symbole;

l'indigo a le même sens que le bleu, pris dans ce qu'il a de plus favorable. Il est surtout excellent pour les Mercuriens et les Vénusiaques.

Le marron est austère et mélancolique ; il signifie la tristesse, la vie médiocre, isolée, dépendante. Il habille les moines qui vivent dans la retraite et la pénitence ; pour ces raisons, le symbole de cette couleur est considéré comme néfaste, sauf pour les Saturniens. Le dormeur qui aura vu les figurants de son rêve habillés de vêtements marrons sera en péril prochain de santé ou de fortune.

Le noir est symbole de deuil et de mort ; le blanc de joies pures, joies de famille surtout. Proches épousailles.

Cependant, l'usage courant, qui s'appuie sur des coïncidences et des traditions, attribue un sens néfaste au blanc, quand il s'agit d'une jeune mariée. J'ai déjà expliqué ailleurs que cette interprétation manque un peu d'exactitude. Il ne me paraît pas hors de propos d'y insister.

Se voir *en mariée* n'est pas toujours signe de mort pour une jeune fille. Le sens peut aussi se comprendre de projets d'accordailles rompues, de trahison de cœur, d'accident physique rendant tout mariage à jamais impossible.

Ces différents sens sont très fâcheux mais ne vont pas jusqu'à la mort.

A part le cas précité, le blanc est et fut toujours regardé comme le plus heureux des présages. Les paysages de clarté et de lumière, les pierres blanches et transparentes : diamant, cristal de roche, sont aussi, par analogie, des signes heureux.

A propos du cristal de roche, disons que, lorsqu'il a la forme d'un œuf, il est un talisman bénéfique au premier chef.

CHAPITRE XII

Il y a rêve et rêve...

Le difficile est de distinguer. — Nous sommes les héritiers de mille traditions. — Comment choisir dans le nombre?

Il faut aussi noter un point capital. De même qu'il y a des mains menteuses comme je l'ai démontré dans mon ouvrage l'*Enigme de la main*; de même qu'il y a des écritures menteuses, comme le remarquent tous les graphologues; de même qu'il y a sur les crânes des bosses, et dans les traits des lignes trompeuses, comme l'ont signalé tous les phrénologues, de même il y a des rêves faux. Il nous arrive de dire d'une personne : « Je ne l'eusse point ainsi jugée d'après sa physionomie. »

Preuve que nous ne devons pas toujours prendre un rêve au pied de la lettre, interpréter son sens littéral, mais tenir compte de la propension du cerveau du dormeur à déformer les images, ou de la tendance de son esprit à juger d'après les contraires. Cela est si vrai que certains peuples regardaient comme de bon augure, ce qui, pour d'autres, était néfaste. La droite était de bon présage; or, les Grecs relevaient leur manteau à droite, tandis que les Romains, le relevaient à gauche, justement pour flatter le Destin menaçant et essayer de se le rendre plus propice. Ils suivaient la même règle pour les jours fastes et néfastes à l'opposé de ce qui se pratiquait ailleurs. Il faudrait donc, pour être exact dans la définition des signes, distinguer entre les règles divinatoires des Grecs et celles des Romains, rechercher dans nos vieilles traditions, celles qui nous viennent de l'un et de l'autre peuple. Ainsi s'expliqueraient et se justifieraient les contradictions apparentes.

Travail colossal et difficile, car les Grecs ont emprunté aux Egyptiens et aux Chaldéens, avant de fournir aux Romains les éléments divinatoires. Ceux-ci les ont triés, arrangés, déformés suivant leur conception propre, suivant leur tempérament essentiellement différent de celui de leurs nobles vaincus.

Or, c'est surtout par les Romains qui conquirent la Gaule et lui imposèrent leurs coutumes religieuses et leurs mœurs politiques, que toutes les traditions anciennes nous sont venues. Exception faite pour la Provence où la civilisation grecque, directement implantée, a laissé des traces profondes, ce qui fait que les superstitions du Midi sont sensiblement différentes de celles du Nord et du Centre de la France.

CHAPITRE XIII

Le pressentiment, le rêve et les apparitions.

La distinction à faire entre le plan spirituel et le plan matériel. — Quelques explications personnelles.

Le rêve se rattache au pressentiment, il en est une des formes, et non la moins intéressante à étudier.

Or, comme le pressentiment est le premier degré des manifestations télépathiques, il s'ensuit que les songes se rattachent étroitement à la télépathie, science encore inexpliquée; et qui, sans doute, restera longtemps inexplicable.

Il faudrait, en effet, pour se rendre un

compte exact et rigoureux des manifestations télépathiques, en découvrir le point de départ, et en suivre le développement; connaître la nature du fluide télépathique, la direction des courants, et savoir quel est le milieu convenable à la transmission, car ce milieu sert de véhicule indispensable aux vibrations télépathiques, comme l'air est le véhicule des sons et des odeurs, la lumière celui des couleurs et des formes. Tant qu'on n'aura pas déterminé la nature de ce milieu et de ce fluide, on continuera à patauger dans des explications plus ou moins extravagantes.

Télépathie signifie : *Action de percevoir sans le secours des sens à des distances plus ou moins éloignées.*

Cette définition s'applique exactement au pressentiment.

En effet, qu'est-ce que le pressentiment, sinon l'obscure divination de faits dont nous ne pouvons avoir la connaissance par les moyens naturels.

L'être humain étant double, âme et corps,

appartient à la fois au plan spirituel ou psychique de la création, et au plan matériel ou physique.

Or tous les faits qui le concernent, tous les événements auxquels il doit être mêlé, sont en préparation dans le vaste champ du monde surnaturel; ils s'y trouvent à l'état de germe, comme la semence au creux du sillon, comme les êtres embryonnaires, dont la vie latente s'épanouira lorsque leur évolution sera accomplie.

Ces événements cheminent, évoluent vers leur accomplissement; ils atteignent un jour le point qui relie le plan psychique au plan matériel; ils entrent dans le rayon de notre activité mentale, s'y formulent et nous les percevons d'une manière imprécise, indistincte, mais néanmoins sensible. Ils projettent une lueur ou une ombre que saisit notre regard intérieur. Cette lueur ou cette ombre sont une sorte d'avertissement qui prépare l'âme à la douleur ou à la joie.

Mais il arrive souvent que ces pressentiments ne se réalisent pas.

Quelques personnes sont toujours sous le coup d'avertissements fâcheux, d'angoisses pénibles, dans un perpétuel tremblement, et nul malheur ne les atteint. D'autres, au contraire, sont frappées en pleine paix, en pleine sécurité, en plein bonheur. Le malheur fond sur elles, comme l'aigle sur sa proie; elles sont foudroyées avant d'avoir pressenti l'orage.

Alors, on part de là pour nier la valeur des pressentiments, que l'on assimile à de pures imaginations de cerveaux faibles ou mal équilibrés.

Si l'on se donne la peine de réfléchir, une explication toute simple se présente.

Tous les pressentiments ne se réalisent pas, mais tous les germes n'éclosent pas dans la nature; beaucoup avortent, et il en est des faits d'ordre spirituel comme des faits d'ordre physique.

Des causes qui nous échappent arrêtent l'événement en marche, font avorter le fait en préparation. Par contre, il se produit que cet événement se précipite, nous atteint avec la rapidité de la foudre qui découronne le chêne. Nous voyons briller l'éclair dans notre ciel bleu, sans qu'aucun nuage nous ait averti.

D'après ce que j'ai dit, dans un autre chapitre, de l'enveloppe fluide de l'âme, il est presque aisé de se rendre compte de la manière dont nous pressentons les faits à venir. Et, si l'on admet que, durant le sommeil, l'âme est plus dégagée qu'à l'état de veille de son corps, enveloppe matérielle qui fait poids lourd, on comprendra que les songes puissent être une des formes du pressentiment, une des formes de la télépathie.

Sans cause apparente, nous rêvons d'une personne oubliée depuis un temps innombrable. Le jour suivant, nous recevons de ses nouvelles; nous entendons parler d'elle ou nous apprenons sa mort. Des personnes dignes de foi affirment que des amis, des parents leur sont apparus en rêve au moment même où ils rendaient le dernier soupir.

Une chose peut surprendre. Pourquoi, parmi les milliers d'âmes qui, chaque jour, quittent ce monde, y en a-t-il si peu dont le départ soit ainsi annoncé à ceux qui les chérissaient? Il semble que cette manifestation supra naturelle devrait avoir une cause impérieuse, d'ordre très élevé ou très grave, et il arrive le plus souvent qu'il ne s'agit dans l'espèce que d'apparitions d'êtres dont la vie fut humble et effacée, et qui viennent des confins de l'au-delà pour ne rien dire ou dire des riens.

C'est ce qui infirme la croyance aux apparitions de la veille et du sommeil.

Ce qui est encore moins explicable, c'est que ces apparitions fantômales se montrent sous des apparences qui déconcertent la raison. Elles sont revêtues de leurs habits ordinaires; elles font leurs gestes accoutumés. Ce n'est pas ainsi que la pensée respectueuse des redoutables mystères de l'autre vie s'imagine que s'y passent les choses.

On peut inférer de ces communications et de ces apparitions que l'intensité de la volonté chez le mourant, volonté devenue plus puissante à mesure que la désagrégation du corps et la mort graduelle des sens libèrent l'âme, que cette volonté projette le souvenir par le moyen des courants télépathiques. Ces courants atteignent le cerveau du dormeur; ils y évoquent le souvenir de l'être qui s'en va, l'image ainsi dessinée se fixe et se reproduit sur les points de vision intérieure. Elle est telle que nous avons vu l'être dans la réalité, parce que notre souvenir ne saurait l'imaginer autrement.

C'est peut-être tout le secret des apparitions.

CHAPITRE XIV

De la divination en général

Coup d'œil d'ensemble sur les superstitions et traditions diverses de l'occultisme dont quelques-unes se sont conservées jusqu'à nous.

Quand le mot devin vient sur les lèvres, il s'accompagne toujours de l'épithète désobligeante : un charlatan.

Aujourd'hui, le langage courant confond les deux mots, et l'esprit réunit les deux sortes de personnages dans une même déconsidération.

Ce n'est pas tout à fait juste, au moins en ce qui concerne les anciens devins.

La divination fut une science très vaste, très compliquée, et les devins, des savants réputés, vénérés par les rois et les peuples. Il est vrai qu'ils n'avaient rien de commun avec les augures de foires, ni même avec ces fameux augures de Rome dont un philosophe disait qu'il était surprenant que ces gens pussent se regarder sans rire.

Cette science divinatoire était un des éléments constitutifs de toutes les anciennes religions. Les autres étaient la prière et le sacrifice rituel.

La divination repose, en effet, sur la croyance religieuse. Elle suppose la foi aux puissances supérieures qui règlent les événements. Elle implique, de plus, la possibilité pour l'homme d'entrer en relations avec ces puissances.

La révélation surnaturelle au sujet des faits passés et à venir, qu'il est impossible de découvrir par les procédés ordinaires de recherches et d'investigations, est l'essence même d'une religion quelle qu'elle soit. Devins et prophètes sont les instruments de cette révélation.

Par la divination, l'homme s'adressait aux

dieux, leur demandait assistance et conseil. Mais il restait libre d'utiliser ou de négliger les renseignements obtenus ; sa volonté demeurait entière, son activité libre. A la différence de la prière, la divination n'appelait point le miracle, ne sollicitait aucunement l'intervention de la divinité.

C'était donc en soi un acte essentiellement religieux. Elle s'appliquait à toutes les phases du temps, passé, présent, avenir. Science surnaturelle, puisqu'elle tendait à faire pénétrer la pensée divine par l'intelligence humaine ; science très noble, très haute, aujourd'hui lamentablement déchue.

On confond très souvent ces deux choses différentes : la divination et la magie. Ce sont deux sœurs, si l'on veut, rien de plus. Chacune garde son caractère.

Par la magie, l'homme sollicite, non plus l'intelligence, mais la puissance divine.

Distinction essentielle, la divination laisse place à l'activité et à la volonté humaines ; la magie supprime l'une et l'autre, et les remplacé par l'intervention surnaturelle, qui agit en son lieu.

Mais ces deux sciences occultes emploient des recettes et des formules pour se rendre la divinité propice, pour amener les puissances supérieures à révéler les mystères et les desseins cachés, à jouer un rôle déterminant dans les affaires humaines, ce qui fait de la divination une branche de la magie. Aussi la plupart des devins de la Grèce et de Rome ne furent pas seulement les pontifes d'un culte religieux, ils furent des magiciens.

Ceci arriva lorsque l'idée religieuse, si forte aux premiers âges, se fut affaiblie, dispersée sur cette multitude de divinités qui remplaçaient la haute et unique personnalité à laquelle allaient les premiers hommages.

Il fallut multiplier les recettes pour capter la bienveillance de cette légion de dieux, de déesses, de demi-dieux, ordinairement occupés dans leur Olympe à se chamailler, à se battre et auxquels il ne restait guère de temps pour s'occuper des humains.

Mais tout d'abord ce fut très simple. Le devin — et remarquez, chers lecteurs, que dans le mot devin vous trouvez presque divin — le devin, dis-je, était un homme de culture vaste, pieux et de vie pure. Il le fallait savant pour approfondir la science divine et comprendre la révélation par laquelle l'Être souverain communiquait sa pensée à ses créatures. Il le fallait, sans reproche pour approcher de ce qui est essentiellement pur et grand. Aussi les premiers mages furent-ils en même temps les premiers sages. Sagesse et science avaient le même sens dans les langues primitives. Ils lisaient la pensée du Dieu suprême dans l'eau des sources, le grondement de la foudre, la course des nuages, la vitesse du vent, dans la flamme, la fumée, le bruissement des feuilles, le vol des oiseaux, les murmures des champs et des bois. Ils attribuaient aux songes une voix prophétique et savaient en expliquer les sens cachés.

C'était bien la science de l'occulte et du surnaturel. Les devins et les mages, persuadés que le monde est l'œuvre des puissances célestes, n'admettaient pas que ces puissances pussent se désintéresser de leur création et abandonner les créatures à leur ignorance, à leur faiblesse et à tous les maux qui en découlent. Il faut, disaient-ils, interpréter tous les signes naturels pour y lire la pensée d'en haut. Nous trouvons l'interprétation des signes, pratiquée par les fils d'Adam. Vous voyez que l'histoire n'exagère pas en reportant la divination à l'antiquité la plus lointaine.

Caïn et Abel offraient tous deux un sacrifice à Jéhovah. L'aîné observa que la fumée de son holocauste se rabattait vers la terre, alors que du sacrifice d'Abel, la fumée et la flamme montaient droit vers l'infini. Jalousie, colère et fratricide naquirent de cette interprétation du signe qui notifiait à Caïn le refus de son offrande.

Les sorts étaient encore un moyen de découvrir la volonté divine. Les douze tribus d'Israël se partagèrent la Terre promise par voie de tirage au sort.

Un autre procédé fut l'emploi des flèches, dont la direction et la chute, révélaient la pensée du dieu invoqué, ou bien elles détournaient le malheur. Cette tradition vint de la Chaldée jusque dans les forêts armoricaines. Les druidesses vendaient aux matelots des flèches qui écartaient les tempêtes, et préservaient du naufrage.

Le seul accessoire de la divination primitive fut la baguette sacrée, dite aussi roseau du sort, roseau de révélation, bâton propice.

Un peu plus tard la divinité faisant la sourde oreille, les magiciens eurent l'idée de se choisir une patronne, et se mirent sous la protection d'Allat, déesse infernale qui leur prodigua ses faveurs.

La divination était une des parties essentielles de la science chaldéenne. La magie, l'astrologie, les mathématiques composaient ensuite le fonds de savoir des mages. Ils lisaient dans le ciel comme dans un livre. Les rois qui vinrent à Bethléem, sur la foi d'une étoile, étaient des savants chaldéens.

Les mages pratiquaient surtout la divination par l'observation du vol des oiseaux, des entrailles des victimes, des phénomènes naturels, et par l'interprétation des songes.

Les sacrifices rituels étaient au premier rang. Ils reposaient sur cette croyance que le foie porte l'empreinte de la volonté céleste, qu'on l'y trouve gravée en signes mystérieux, que la lumière rayonnante l'y imprime dès qu'il est exposé à l'air. On divisait le foie en parties qui portaient des noms symboliques : le foyer, la table, le tombeau, le dieu, le fleuve, la barrière, le lieu, le couteau. Chacune de ces parties présentait des signes divers, offrant des signes particuliers. Puis une autre idée se greffa sur l'idée initiale : le foie conservait les images contemplées par l'âme, dans les songes envoyés par les dieux. Ce fut l'origine des sacrifices humains, supérieurs aux holocaustes et aux hécatombes de toute la distance qui sépare la dignité humaine de l'infirmité de l'animal.

C'était donc surtout le foie que les prêtres

sacrificateurs étudiaient avec le plus grand soin. Sans tête, c'est-à-dire, sans lobe, le foie donnait un présage de mort. Mais six autres organes se prêtaient aux interprétations : le cœur, la rate, l'estomac, les poumons et les deux reins. Le chevreau, l'agneau, la brebis, le veau, la génisse, le chien étaient les animaux le plus souvent sacrifiés. La dissection achevée, on brûlait la victime. Si la cuisse ne flambait pas, présage funeste; si la queue se recroquevillait, difficultés; si elle se levait et s'abaissait par saccades, le peuple était menacé d'une défaite. Il pouvait chanter victoire si la queue se redressait au contact de la flamme.

La vésicule du fiel étant brûlée, le liquide coulait-il à droite : bon signe; mauvais signe s'il s'échappait à gauche.

Une omoplate de brebis donnait, en grillant, une foule d'indications. L'arête médiane se boursouflait, présage de mort; elle restait d'une belle couleur blanche, succès; le côté droit devenait rouge, l'autre noir, la guerre allait dévaster l'État.

Il fallait être riche pour pratiquer cette sorte de divination. Les petites gens ne pouvant immoler des animaux se rattrapaient sur les œufs. Ce n'est pas très compliqué. Selon que l'œuf exposé à la vapeur de l'eau bouillante suait par le haut, le bas ou le côté, le pronostic variait. C'était signe de péril, qu'il éclatât et coulât. Les devins de Chaldée prophétisaient aussi par la fumée de l'encens, les libations d'eau et de vin, la fumée des feuilles brûlées sur l'autel, la manière dont se consommait la farine de froment, les oscillations d'un crible posé sur une pointe ou suspendu à un fil, les mouvements d'une boule, d'un fuseau; par les anneaux heurtant les parois d'une coupe ou d'un bassin; par les ondes que faisaient les pierres ou les cailloux jetés dans l'eau; par les dessins que formait le noir de fumée dans l'huile ou sur l'ongle d'un enfant, surtout par l'astrologie, et les Douze Maisons du Ciel.

Ces rites divinatoires passèrent en Grèce pour la plupart; beaucoup s'y ajoutèrent, de sorte que la science des devins s'étendit.

Les devins chaldéens avaient été, en même temps, rois et prêtres; les devins grecs, sauf exceptions rares, furent seulement prêtres. Lorsque les chefs de peuples sacrifiaient eux-mêmes les victimes, c'était un devin qui interprétait les signes.

Les Grecs pratiquèrent la divination par les actes instinctifs des animaux. L'aboi d'un chien, la façon dont un chat faisait sa toilette, la manière dont buvaient et mangeaient les oiseaux sacrés étaient pleins de présages. Le coq placé au centre d'un cercle tracé par la baguette sacrée révélait l'avenir, en picorant les grains de blé posés sur les lettres de l'alphabet dessinées autour du cercle. Il jouait le rôle de l'aiguille du télégraphe Morse.

Un prêtre notait à mesure chaque lettre, et en formait des mots qui étaient la réponse du Destin.

Le chant du coq avait plusieurs sens, moins que celui du corbeau pour lequel on avait établi une liste de soixante-quatre significations.

Les époux qui entendaient le chant du coq le jour de leur mariage, pouvaient craindre que d'innombrables querelles vinssent troubler leur union.

Le vol des oiseaux était un bon ou un mauvais présage, suivant qu'il se dirigeait vers la droite ou la gauche, qu'il était bas ou élevé, que les ailes étaient largement éployées ou battaient l'air avec hésitation.

Si l'aile droite était cachée, bon signe, car la droite et la gauche étaient très observées chez les Anciens. La gauche était néfaste. Ils relevaient leur manteau à droite, chaussaient d'abord le pied droit, commençaient de ce pied à marcher et à danser.

Les escaliers avaient toujours un nombre impair de marches, afin que l'on put partir et arriver du pied droit. Dans les festins, la coupe circulait de droite à gauche. Les rondes sacrées tournaient vers la droite.

Une autre forme de divination très répandue en Grèce se pratiquait ainsi. Le consultant se rendait à l'un des oracles dont les pèlerinages étaient fort suivis. C'était un temple, un bois, une grotte, une fontaine. Il posait la question au dieu, puis sortait en se bouchant les oreilles. Lorsqu'il enlevait ses mains, la première parole qu'il entendait était la réponse d'en haut.

Il y avait aussi des nombres fatidiques ; les nombres pairs étaient néfastes, les impairs excellents au contraire.

Trois était le nombre des grands mystères divins, celui des triades dans presque toutes les mythologies, celui de la trinité dans un grand nombre de religions.

Sept était également sacré, et il garde encore quelque chose de son ancienne importance. Le monde fut l'œuvre de sept jours, c'est-à-dire de sept époques d'une durée indéterminée. Le chandelier d'or du saint des saints avait sept branches. Les années se groupaient en périodes septennaires et la dernière année de la septième période, c'est-à-dire la quarante-neuvième, carré de sept, était une année de crise. Notre semaine se divise en sept jours ; la vie de l'homme en phases de sept ans. Sept ans, c'est la première enfance. Deux fois sept, c'est le commencement de l'adolescence. Trois fois sept marquent pour un homme la majorité. Le nombre sept partage avec neuf, carré de trois, le privilège de fixer le destin. Neuf fois sept, c'est-à-dire la soixante-troisième année, est le point critique de la vie humaine, dont la limite normale est la quatre-vingt-unième année.

Le destin parlait aussi par les dés et les osselets; des tables donnaient un sens pour chaque coup possible.

Dans tous les pays, la laideur, les difformités, les monstruosités étaient considérées comme de funestes présages. Rencontrer un être difforme présageait un échec. Cette idée s'est perpétuée dans un grand nombre de cerveaux, même cultivés.

Les phénomènes physiologiques étaient étudiés en détail. Les palpitations des paupières, des cils, des muscles, la chute des cils avaient un langage. Les bourdonnements de l'oreille droite prenaient un sens, ceux de l'oreille gauche un autre. Ils signifiaient que l'on parlait à distance, soit en bien, soit en mal, de celui qui entendait ce bruit. Idée qui s'est conservée jusqu'à nous.

Il en était de même des convulsions, des crises d'épilepsie, encore l'objet d'un effroi superstitieux. Les convulsions des pythies grecques et des sybilles romaines entraient, pour beaucoup, dans les décrets des dieux consultés.

Des tables d'éternuement étaient dressées, avec des sens innombrables, selon les phases de la lune, le jour de la semaine, l'heure du jour, le sexe et l'âge de celui qui éternuait.

Le catholicisme, héritier des antiques traditions des civilisations primitives, ne pouvant détruire toutes les superstitions païennes, imagina de les transformer en les renouvelant dans la religion nouvelle. Elle sanctifia les lieux de pèlerinage, les lacs, les fontaines, les grottes sacrées, purifia les autels en y plaçant la croix. C'est par suite de cette rénovation que nous avons gardé l'habitude de dire à ceux qui éternuent : « Dieu vous bénisse, » pieuse pratique destinée à faire oublier les anciens oracles tirés de l'éternuement.

Des coïncidences fortuites donnèrent du poids à des signes résultant d'actions mécaniques qui n'avaient rien de surnaturel; les craquements des meubles interprétés comme manifestation de la volonté divine avaient des sens multiples.

Les oiseaux surtout étaient considérés comme les messagers des dieux.

En tête les oiseaux de proie, tous oiseaux à présages : aigle, faucon, vautour, corbeau, chouette. Celle-ci de bon augure à Athènes, comme étant l'oiseau symbolique de Minerve Athœnée adorée dans la capitale de la Grèce.

La corneille en revanche était mauvaise à Athènes, bonne ailleurs. Le héron, l'hirondelle, la mouette, le pivert, le roitelet, le phénix étaient considérés comme des interprètes divins. Voir une mouette le jour d'un mariage annonçait les plus grands malheurs.

Les végétaux brûlés, les grains, les farines,

les fromages, les liquides répandus, les ondes élargies dans l'eau sous le souffle divin étaient autant de signes caractéristiques.

Quelques-uns de ces procédés sont restés de pratique usuelle et courante. Beaucoup de jeunes filles vont consulter le destin en jetant une épingle dans une fontaine consacrée par une antique superstition, en attachant un ruban à une branche d'un arbre vénéré.

Beaucoup écoutent, anxieuses, au retour de la messe de Pâques, l'aboi des chiens dans le voisinage de leur demeure. C'est de ce côté que viendra l'époux espéré. D'autres suspendent un anneau de mariage à un de leurs cheveux et le plongent dans un verre rempli d'eau. Elles comptent en frémissant les chocs du métal sur les parois, car autant d'années s'écouleront jusqu'à leur joyeux hyménée. Un cil qui tombe annonce une visite inattendue. Quelques-uns prétendent que c'est un amour qui s'en va.

Dans certaines provinces subsistent de curieuses coutumes. Douze pelures d'oignons sont rangées sur une table vers le moment où vont sonner les douze coups de minuit dans la nuit de Noël. Une pincée de sel est déposée sur chacune de ces pelures. Le dernier coup tombé dans le silence, on tire l'augure. Des douze mois de l'année, les uns seront secs, les autres humides selon que le sel a plus ou moins fondu.

Douze jours séparent la fête de Noël de celle de l'Épiphanie. Le temps qu'il fait durant cette période annonce celui qu'il fera pendant toute l'année. S'il pleut le 25 décembre, le mois de janvier sera pluvieux; s'il neige le 26, la neige tombera en février, et ainsi pour les autres jours et les autres mois.

L'observation du temps pendant la messe des Rameaux, a paraît-il, une importance capitale. Le vent est signe de guerre; la pluie donne l'espoir de riches récoltes.

Les citations pourraient être multipliées à l'infini; celles-ci suffisent pour montrer la persistance de la tradition.

Les procédés divinatoires encore usités en notre siècle de progrès et de lumière intellectuelle, sont la divination par les tarots et par le marc de café. On est surpris de constater qu'à l'aube du xxᵉ siècle, ces sottises ont encore cours, et que les cartomanciennes rencontrent quelque créance.

La cartomancie est abominablement compliquée ; aussi je ne veux point en parler en détail ; je veux seulement en donner un bref aperçu.

Un jeu de tarots se compose de 78 cartes. Comme elles peuvent se présenter debout ou renversées, qu'elles se mêlent et se rencontrent de toutes les façons imaginables, elles prêtent à une multitude de combinaisons.

Il s'y trouve 22 figures symboliques, et 56 cartes simples, divisées en quatre couleurs. Ce sont les bâtons, les coupes, les épées, les deniers rangés en 4 paquets de 14 cartes. Chaque paquet contient de plus 4 figures : roi, dame, cavalier, valet. Le cavalier représente le jeune homme ; le valet, l'enfant.

L'homme figure les entreprises, la femme

représente l'amour; le jeune homme, les luttes, les rivalités, les haines. L'enfant, c'est l'argent. Les bâtons et les épées symbolisent les bruns, les coupes et les deniers sont les blonds.

Les augures tirés du marc de café sont moins compliqués. Il faut que le marc soit très épais au fond de la cafetière. Laissez reposer une heure, afin que le marc soit presque sec au moment d'être employé. Gardez-vous d'agiter le récipient, contentez-vous de verser un verre d'eau dans la cafetière par once de café.

Mettez sur le feu et délayez le tout avec une cuiller, puis videz sur une assiette blanche en terre de pipe, très nette. Il n'y faut pas la moindre tache, la plus petite maculature. Que l'assiette soit bien sèche, ne l'emplissez qu'à moitié, puis agitez pendant une minute de gauche à droite, égouttez l'eau. Les particules de café forment alors des dessins sur la terre blanche, des croix, des carrés, des angles, des lignes, des cercles, des figures d'animaux et de plantes, des chiffres, des lettres. Les croix ont un sens précis. Une croix au milieu signifie mort douce et lointaine; quatre croix qui se touchent, maladie grave pour une femme, chute dangereuse pour un homme. Un nombre illimité de croix indique que l'on finira dans la dévotion.

Quand le diable devient vieux...

CHAPITRE XV

Les sortilèges.

*Des envoûtements d'amour et de haine ;
des sorciers aux sourciers.*

Nombreux sont encore ceux qui croient aux sorts et aux sorciers. La croyance à l'occulte se trouve dans des classes très opposées de la société, chez des êtres de haute culture aussi bien que chez ceux de mentalité inférieure. Seulement, le nom change. Ce que le vulgaire appelle sorcellerie s'appelle hypnotisme.

L'envoûtement devient l'extériorisation de la sensibilité; les sortilèges se transforment en suggestion. Au fond, l'idée est la même, mais les moyens ont varié; la science a mis là sa griffe ambitieuse et le surnaturel se résout en formules.

Je ne veux parler que des sorts, parce que ce chapitre forme une sorte de complément naturel à celui de la clef des songes. Il est bien entendu que je me borne à recueillir de fort anciennes traditions, sans le moins du monde prétendre à en assurer l'authenticité et la raison.

Comme je l'ai fait pour les songes, je parlerai seulement des principaux sortilèges.

En premier lieu viennent les formules de l'envoûtement, envoûtement de haine, envoûtement d'amour, dont j'ai retrouvé dans un vieux livre les formules baroques. Je les cite à titre de document curieux, assez confiante dans le bon sens de mes lecteurs, pour croire qu'ils n'auront pas l'idée de les prendre au sérieux, et de rééditer ces pratiques burlesques dans la forme, que, jadis, l'intention fit si souvent criminelle.

Envoûtement de haine :

Choisir une nuit de vendredi, au dernier quartier de la lune ; se placer à la fourche de trois chemins ; allumer un feu de tiges de morelle noire, de buis cueilli dans un cimetière et de branches de noyer ; brûler sur ce feu un corbeau et un pivert avec leurs plumes ; mélanger les cendres et les semer, encore chaudes, sur le seuil de la maison de son ennemi.

Est-ce assez simple, assez charmant ? Quelle agréable expédition à faire par une nuit sans lune !

Envoûtement d'amour :

Encore un vendredi, mais une nuit claire. Ecrasez trois poignées de riz noir ; avec de la farine, pétrir de la pâte et en confectionner la figure de la personne dont on veut se faire aimer. Ne pas oublier de fabriquer un petit cœur à cette figure, et de le placer dans l'intérieur à l'endroit où se trouve le cœur dans le corps humain.

Allumez un feu de morelle blanche, d'asclépias à fleurs rouges, d'aubépine blanche et de branches de chêne. Faites cuire sous la cendre la figure de pâte et mangez-la très chaude. Mais réservez le cœur, autrement l'objet de votre flamme mourrait.

J'ai cherché ce que c'est que le riz noir; je n'ai pas trouvé. Est-ce du sarrazin, du blé noir? Peut-être. En tout cas, il en coûte peu d'essayer pour les Roméos qu'amusent les vieilles choses. Que ne fait-on pas, quand on est amoureux?

L'amour et le mariage tiennent, dans la divination et les songes, un rôle prédominant. C'est que l'amour est la raison maîtresse de l'humanité, la grande loi de tous les êtres créés, qu'il s'agisse de la goutte d'eau, du brin d'herbe, de l'atome ou de l'astre qui roule dans les espaces infinis. L'affinité rassemble, agglomère les atomes pour en faire les mondes errants, les gouttes d'eau pour remplir les mers; l'attraction retient les astres autour des soleils, les soleils autour du point central unique de l'infini sans bornes, ce point où converge la vie universelle.

Rien donc d'étonnant à ce que l'amour soit, au fond, la préoccupation de tous les cœurs qui battent sur la terre, et que, d'âge en âge, on se soit ingénié à le reconnaître ou à le provoquer.

Les pratiques de l'envoûtement ne sont plus le fait de nos sorciers campagnards. La race des envoûteurs a disparu avec les siècles de crédulité et la foi aveugle à l'astrologie. Il ne reste plus, dans les villages éloignés et parmi les populations arriérées, que de vulgaires sorciers, dont les agissements sont plutôt risibles. Toutefois il ne faut pas toujours s'y fier; ils peuvent, à une heure donnée, devenir dangereux, et le mal qu'ils font n'est pas niable.

En général les sorciers sont des bergers, qu'une longue habitude de l'isolement a poussés à étudier les herbes des champs, et à en reconnaître les propriétés bienfaisantes ou malfaisantes.

La nature a caché dans les simples des secrets de vie et de mort, de santé et de maladie où les trouvent aisément ceux qui les cherchent. Les prés et les bois sont de vastes laboratoires, où s'élaborent des remèdes et des poisons à l'infini. Il est probable que si nous connaissions exactement les vertus de ces herbes et de ces fleurettes infinies que foulent nos pieds, et dont nos regards se détournent avec indifférence, nous y trouverions des ressources innombrables, pour nous préserver d'une infinité de maux.

A ce que la vie mouvementée du plus grand nombre ne permet pas de réaliser, le berger perdu dans sa solitude s'applique.

Souvent il a hérité des secrets d'une longue suite d'ancêtres tous sorciers, et dont le savoir se perpétue pour le bien et pour le mal.

Malheur à qui le froisse et encourt sa rancune. Ni les gens, ni les bêtes du logis ne sont épargnés.

Mais comme il serait trop simple de se borner à la préparation de breuvages salutaires ou funestes, il y joint des pratiques destinées, dans son esprit, à frapper l'imagination de ceux qui s'adressent à son savoir.

A les examiner avec attention, ces pratiques se reconnaissent comme découlant directement de la science divinatoire. La déformation de l'idée primitive par l'ignorance des pratiquants, empêche souvent de la reconnaître, de la retrouver.

Elle y est cependant. Ainsi les sorciers opèrent avec une baguette qui n'est autre chose que le « bâton propice » des magiciens de la Chaldée, de l'Égypte et de la Grèce. Ils enfoncent un clou dans un arbre à la hauteur de la partie du corps où gît la douleur chez le patient qui les consulte. Or les clous jouaient jadis un rôle important. Fichés dans un tronc, ils devaient à jamais y fixer le mal dont le client était délivré; plantés sur la porte des maisons, ils accrochaient au passage les mauvais sorts et les empêchaient de pénétrer dans les logis.

Au moyen âge, on leur attribuait, entre autres propriétés, celle d'arrêter les sorcières allant au sabbat, et qui pouvaient avoir la velléité de maléficier les gens paisibles. C'est pourquoi, ainsi que je l'ai noté précédemment, toutes les anciennes portes des vieux logis sont bardées de clous.

Au fond de toutes les superstitions actuelles,

se trouve une pratique très ancienne. Ceux qui croient à la vertu d'un fer à cheval, surtout hérissé de ses clous, obéissent sans le savoir à une idée lointaine de la thérapeutique orientale.

Bien avant nous, les Anciens pratiquaient la métallothérapie, c'est-à-dire la guérison de tous les maux par le fer. Colliers, bracelets, ceintures, plaques de fer, les rendaient invulnérables aux diverses maladies. La valeur « guérisseuse » du fer n'a fait qu'augmenter au cours des siècles. La médecine moderne le tient en grand honneur. Les sorciers l'utilisaient d'autres façons.

Les anciens devins, plantant le fer d'une hache dans le tronc d'un chêne, en comptaient les vibrations, et en déduisaient l'oracle du destin. Nos magiciens rudimentaires enfoncent aussi une cognée dans un tronc d'arbre, mais c'est pour y enfoncer en même temps le mal du client crédule. L'arbre meurt, l'homme est sauvé — s'il a la foi.

Car la foi est nécessaire; les sceptiques ne

guérissent jamais. Il est vrai que les sceptiques préfèrent consulter sur leur cas un prince de la science, même un demi-prince.

Un sorcier connaît beaucoup de choses; il a étudié les plantes, les bonnes et les mauvaises, celles qui font maigrir le bétail et tarir le lait, celles qui enlèvent tous les maux, ou les donnent. Il savent que l'asclépia à fleurs blanches empêche d'avoir faim et soif, que la morelle blanche préserve de tous les accidents, que la morelle noire, au contraire, les multiplie. Ils guérissent le lumbago à l'aide d'une ceinture de chanvre mâle; la jaunisse en faisant macérer des carottes et des oreilles de souris dans du vin blanc; la hernie en y appliquant un lézard vert, plongé vivant dans l'huile d'olive.

Le pouvoir maléfique des sorciers pèse souvent d'une façon très lourde sur les populations des villages. A mesure que la culture intellectuelle s'étend, la terreur qu'inspirent ces vulgaires nécromans s'atténue sans disparaître tout à fait. Cette terreur fait leur force;

ils jouissent de leur prestige, se congratulent à voir trembler les âmes simples devant eux, et leur bourse se remplit de piécettes arrachées à leur crédulité.

Il paraît qu'il y a des sorciers de race. Ils ont trois points noirs en triangle dans la main gauche. Prenez garde à ceux-là, bonnes gens.

Il ne faut pas confondre les sorciers avec les sourciers, bien que leurs pratiques aient entre elles de lointaines affinités.

Le *sorcier* est celui qui « jette les sorts », le *sourcier* celui qui découvre les sources cachées. On n'en trouve plus que dans quelques coins perdus des campagnes les plus rétrogrades. Ailleurs, lorsqu'on veut creuser un puits, on aime mieux en appeler aux lumières d'un homme compétent.

Le sourcier se munit d'une baguette de coudrier, fourchue à l'une des extrémités; il la tient par les deux cornes et s'en va par les champs et les bois. Soudain la baguette s'infléchit vers la terre, une source est là. Le *coudrier aime l'eau;* il en révèle la présence.

Il arrive souvent que les faits justifient cette croyance.

Les sourciers, connaissant bien le pays où ils opèrent, savent à quelle place une couche argileuse empêche l'écoulement de l'eau. Une nappe souterraine s'est formée, abondante et claire. Ils la *trouvent* après l'avoir reconnue d'avance. Cette science facile leur vaut de la considération et des bénéfices. Ils sont friands de l'une et des autres. Des coïncidences fortuites ont pu quelquefois même leur donner l'illusion d'un pouvoir surnaturel.

La croyance aux sorts varie dans ses applications suivant la latitude. Dans le Midi, midi de la France ou de l'Europe, la peur du *mauvais œil* est générale. Toute l'Italie vit sous la menace de la *Jettatura*. Aussi n'est-il pas rare de voir des gens d'éducation distinguée partager cette faiblesse; et, vite, croiser le pouce sur l'index pour neutraliser le sortilège, au passage d'un jettatore.

Le Béarn et les pays basques possèdent une espèce particulière de sorciers mâles et femelles. Souvent, on voit entrer dans sa maison, une vieille femme, portant dans un panier quelques pauvres marchandises : fleurs, fruits ou légumes. Elle en demande un prix exorbitant, point du tout désireuse de vendre. Mais elle s'enquiert de l'heure. Gardez-vous de répondre *vrai*. S'il est trois heures, répondez « trois heures moins cinq ou trois heures un quart ». Autrement un sort funeste va pleuvoir sur vous, votre maison, vos proches et même les bêtes de votre logis.

Les formules pieuses que certaines personnes superstitieuses et crédules copient et recopient sept ou neuf fois, qu'elles envoient à leurs connaissances, afin que celles-ci les recopient et les expédient de la même manière, se rattachent à l'antique pratique des sorts. L'Église catholique les condamne; tous les gens sensés font de même. Mais il est facile d'y retrouver le rite primitif. Les formules et les inscriptions mystiques, portées sur soi, avec la foi dans les puissances supérieures, étaient en usage aussi bien chez les kabbalistes d'Égypte, que chez les mages de Chaldée, et les disciples de Moïse.

Ce qui sert à démontrer que rien ne change, que l'âme humaine reste sensiblement la même au cours des âges, malgré toutes les conquêtes de la science et l'envol des esprits vers les sommets réputés si longtemps inaccessibles.

CHAPITRE XVI

Les douze maisons du Ciel.

L'astrologie, science de la connaissance de l'influence des astres, permet de mieux comprendre le mystère des rêves. Il faut en tenir compte.

Les douze maisons du Ciel, ce sont les douze signes du zodiaque. Chacune de ces maisons reçoit, à son tour, la lumière et la chaleur solaires, vie et force du monde, dont notre globe n'est qu'une unité et non certes des plus considérables.

Les premiers hommes, étant tous pasteurs de troupeaux, avaient le plus grand intérêt à observer les changements de température, les signes précurseurs du beau et du mauvais temps. Très vite, ils sûrent reconnaître les divers mouvements des astres auxquels ces changements semblaient étroitement liés. De là, à établir des relations entre les astres et la terre, il n'y avait qu'un pas; ce pas fut rapidement franchi.

Dans les nuits étoilées de l'Orient, le pâtre, allongé sur l'herbe, auprès de ses brebis endormies, tournait tout naturellement ses yeux émerveillés vers le Ciel endiamanté. Il voyait des feux fixes, d'autres, mobiles; quelques-uns semblaient se précipiter vers la terre et s'éteindre avant de la toucher; d'autres, traînaient dans l'espace incommensurable des chevelures de flamme.

Il établissait des comparaisons entre ces choses merveilleuses, si loin de lui, et celles qu'il pouvait toucher et sentir. Les astres avaient la couleur des métaux qu'il connaissait. Le soleil brillait d'un éclat d'or pur; la lune avait la couleur douce de l'argent; Vénus, possédait des reflets de cuivre; Saturne l'aspect triste du plomb. Il n'était pas bien difficile de prêter à ces astres les qualités des métaux avec lesquels ils avaient des parités d'aspect.

Peu à peu, ces notions, d'abord confuses dans l'esprit des pâtres, séduisirent les savants, les sages, les mages, comme on les appelait alors.

Ceux-ci, allant plus loin que les bergers qui ne demandaient aux astres que la connaissance du temps, cherchèrent les rapports de ces mondes inconnus avec le monde connu ; ils demandèrent, aux phénomènes célestes, l'explication des destinées humaines. L'astrologie était née.

L'astrologie est, en effet, un art divinatoire basé sur l'étude du monde céleste et des phénomènes qui s'y accomplissent. Ce furent les Chaldéens qui en firent une science religieuse et théologique fort compliquée. Les Assyriens avaient à Ninive et à Babylone de magnifiques observatoires. D'après la supputation chronologique usitée en Orient, il faudrait assigner à l'astrologie une origine remontant à 1,440.000 ans; en réalité, cette science ne possède, d'après notre forme ordinaire de calcul, qu'une antiquité de cinquante siècles, ce qui est déjà un âge respectable.

Les Chaldéens eurent pour élèves les Égyptiens; ceux-ci transmirent leur science aux Grecs, au temps d'Alexandre; les Grecs aux Romains, les Romains aux nations conquises, dont la Gaule. Le moyen âge en hérita, mais l'associa à la magie et à l'alchimie. Ce fut alors une science occulte, instrument redoutable entre les mains de quelques initiés, que la croyance populaire armait de pouvoirs étonnants.

De curieuses coïncidences ayant amené, au cours des siècles, la réalisation des prophéties astrologiques, la foi à l'influence des astres s'était fortifiée. Ainsi les prédictions faites à Alexandre par les prêtres Chaldéens avaient reçu leur accomplissement; de même celles qui annonçaient à Octave son élévation à la dignité impériale; de même encore la prédiction fameuse de Pierre d'Ailly, un savant qui fut un des promoteurs de la réforme du calendrier, et qui prédit, trois cent cinquante ans avant qu'elle n'éclatât, la révolution de 1789.

On sait quelle créance Catherine de Médicis attachait aux révélations du fameux Nostradamus. La curieuse colonne qui subsiste encore auprès de la Halle au blé à Paris, était l'observatoire de cette reine qui, durant les nuits étoilées, allait consulter le devin fameux dont la réputation a gardé jusqu'à nous un certain rayonnement.

L'astrologie est basée sur cette idée qui, somme toute, n'est pas dépourvue de justesse, qu'un lien existe entre tous les phénomènes de la vie du monde universel ; que du mécanisme céleste, découle la mécanique terrestre et l'existence spéciale de chaque être créé.

Les pâtres d'Orient qui reconnaissaient les variations atmosphériques d'après les mouvements des astres ont inventé l'astrologie naturelle, dont une étude raisonnée et méthodique a fait depuis la météorologie.

Quant à l'influence des astres sur les individus, c'est ce qu'on appela, ce qu'on appelle encore l'astrologie judiciaire.

Voici, en résumé, le fond de la doctrine astrologique telle que l'établirent les Chaldéens. Les astres sont doués chacun de qualités qui leur sont particulières. L'existence de ces astres détermine des mouvements étroitement liés aux existences humaines et il est naturel de penser que chacun d'eux engendre dans les individus leurs propres qualités ou leurs contraires, suivant que l'action exercée est négative ou positive.

D'après la position de l'astre calculée au moment de la naissance, cette influence a plus ou moins d'intensité. Il faut considérer aussi, qu'un astre n'est jamais isolé dans le firmament, qu'il subit les attractions et les influences des astres voisins, que cela donne lieu à une multitude de combinaisons possibles.

C'est alors que, pour simplifier cette étude compliquée, pour la réduire aux règles d'une science exacte, les prêtres Chaldéens imaginèrent une division artificielle de l'espace céleste. Les constellations que parcourt le soleil dans une année furent rangées en douze groupes. Ce sont les douze maisons du Ciel. Chacune reçut un nom et s'exprima par un signe. Ce sont : le Bélier, le Taureau, les Gémeaux, le Cancer, le Lion, la Vierge, la Balance, le Scorpion, le Sagittaire, le Capricorne, le Verseau, les Poissons.

Le symbolisme zodiacal est devenu la base de l'astrologie par l'identification de chaque signe avec une divinité.

Les aptitudes, les passions, les vertus, les vices, les qualités morales ou physiques sont réparties entre les constellations, et des influences sidérales se répandent sur chaque être, selon que le moment où il prend vie coïncide avec le mouvement ascendant de tel ou tel astre.

Ces influences sont déterminées par les *aspects*. On appelle ainsi les figures géométriques constituées par les lignes que l'on suppose réunir les constellations entre elles. Ces lignes forment des polygones et les *aspects* sont d'autant plus favorables que les côtés sont moins obliques, que les angles sont moins ouverts. A ce point de vue, le trigone, figure à trois côtés, est supérieur au quadral et au sextil, figures à quatre et à six côtés.

Les planètes, tout comme les étoiles, ont été divinisées, c'est-à-dire considérées comme des symboles de divinités.

Notre monde se compose d'astres comme le Soleil, de planètes comme Vénus, la Lune, Mercure, Saturne, Jupiter et Mars. Il faut y ajouter Uranus et Neptune, découverts récemment et tous les satellites de ces planètes.

C'est de ces influences diverses, constatées soit au moment de la conception, soit au moment de la naissance, que dépend l'horoscope ou thème de nativité.

L'horoscope doit être déterminé au moment où l'être prend réellement la vie. Or, sur ce point capital, la discussion reste ouverte depuis le commencement des siècles. Jamais on n'a pu se mettre d'accord pour décider si la vie anime l'embryon d'être, dès le premier instant de la conception, ou s'il vit seulement lorsque ses mouvements manifestent son existence. On voit donc combien il est difficile d'établir un horoscope, en prenant comme point de départ l'instant de la conception. Cet instant ne peut être fixé approximativement que par celui de la naissance. Comment donc reconstituer l'état du ciel, sans être exposé à des lacunes, à des erreurs?

C'est fort embarrassant. J'ai là-dessus des idées particulières et tout un système que je ne peux songer à exposer ici ; il faudrait cent pages. J'espère avoir le loisir de consacrer bientôt un livre spécial aux horoscopes. En général, une chose essentielle a d'ailleurs toujours compromis et compromettra toujours les horoscopes. Il faudrait, en effet, tenir compte, non seulement des constellations et des planètes, mais de tous leurs satellites, de tous les astres errants dans l'écliptique du soleil, de tous les météores, de tous les bolides.

Or, combien nous sont inconnus? Combien sont encore invisibles à nos plus forts télescopes. Les Anciens tiraient des horoscopes, sans soupçonner l'existence de Neptune et d'Uranus. Cependant l'influence de ces planètes devait bien, dès lors, se faire sentir dans un sens propice ou défavorable. Leurs calculs péchaient donc par la base, et forcément demeuraient inexacts.

Qui oserait affirmer que nous connaissons tous les satellites de notre globe?

Par conséquent l'astrologie ne peut avoir rien de précis. C'est pourquoi, lorsque je l'ai étudiée, je me suis astreinte à étudier des « moyennes » qui font la part de l'inévitable inconnu et qui forment l'essentiel du système que je préparerai quelque jour.

A titre de document, je vais expliquer dans les grandes lignes, comment se dressait un thème de nativité, c'est-à-dire un horoscope.

Il fallait tout d'abord avoir un tableau de l'état du ciel au moment décisif. Pour cela, l'étendue visible du ciel était supposée divisée en douze parties égales par de grands cercles, l'horizon, le méridien, et quatre autres passant par le nord et du sud de l'horizon. Ces cercles portaient le nom de cercles de position.

Un tableau partagé en douze cases (*voir figure ci-dessous*) était le schéma de l'horoscope.

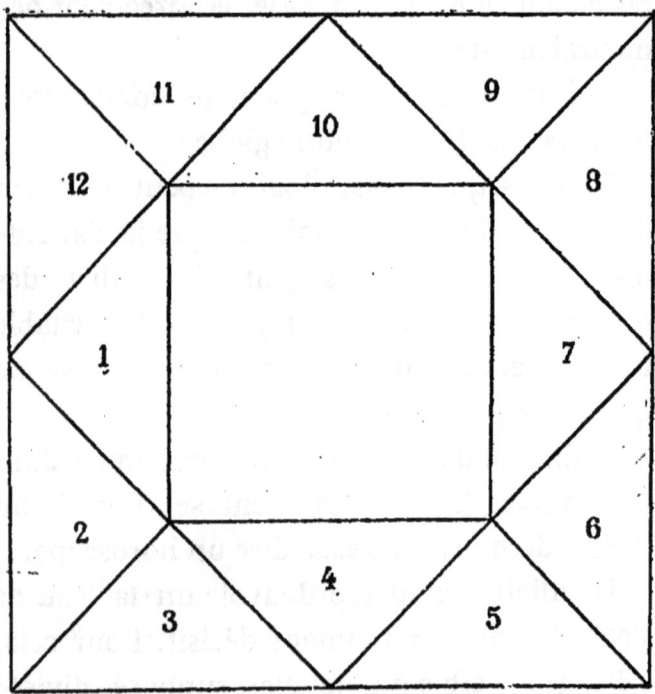

Considérez chaque case comme une maison.
La première maison est celle de la vie,
La deuxième maison est celle des richesses,
La troisième maison est celle des frères,
La quatrième maison est celle des liens de parenté,
La cinquième maison est celle des enfants,
La sixième maison est celle de la santé,
La septième maison est celle du mariage,
La huitième maison est celle de la mort,
La neuvième maison est celle de la religion,
La dixième maison est celle des dignités,
La onzième maison est celle de l'amitié,
La douzième maison est celle des inimitiés.
Toutes ces maisons ont chacune un astre particulier, un protecteur tutélaire dont l'influence diminue, dont la puissance s'affaiblit s'il passe dans une autre maison que la sienne. Il en est des planètes comme des astres; à égalité de puissance, celle qui se trouve dans la maison la plus puissante acquiert une influence prépondérante.

Chaque signe zodiacal est appelé trône.

Ainsi le Soleil a son trône dans le signe du Lion ; Mercure, dans le signe de la Vierge ; Vénus dans le signe du Taureau ; la Lune, dans le signe de l'Écrevisse ; Mars, dans le signe du Scorpion ; Jupiter, dans le signe du Sagittaire ; Saturne, dans le signe du Verseau. On dit donc que le Lion est le trône du Soleil ; la Vierge, le trône de Mercure, etc.

Au point de vue de l'intensité de la puissance, la dixième maison vient au second rang après la maison de la vie.

Le Soleil était considéré comme bienfaisant, joyeux et favorable ; Saturne comme triste, morose et froid ; la Lune comme humide, mélancolique et fantasque ; Jupiter comme tempéré, doux et aimable ; Mars comme sec, vif et ardent ; Vénus comme féconde, gaie et bienveillante ; Mercure comme rusé, inconstant et variable.

Le tableau de l'horoscope étant dressé, les constellations y étaient réparties suivant leur place dans le ciel au moment de la naissance. Chaque mois étant sous un signe zodiacal, ce signe occupait le triangle 1 et s'appelait signe ascendant; les autres se plaçaient dans leur ordre respectif. —

Je suppose que le signe ascendant soit le Lion; le triangle 2 serait la maison de la Vierge; le triangle 3, celle de la Balance; le triangle 4, celle du Scorpion; le triangle 5, celle du Sagittaire; le triangle 6, celle du Capricorne; le triangle 7, celle du Verseau; le triangle 8, celle des Poissons; le triangle 9, celle du Bélier; le triangle 10, celle du Taureau; le triangle 11, celle des Gémeaux; le triangle 12, celle du Cancer.

Si le triangle 1 était la Balance, le 12ᵉ serait la Vierge; rien de plus simple que cette première opération.

Mais il faut ensuite faire entrer dans chaque maison, dans chaque triangle, la planète correspondante à la constellation, par exemple réunir le Soleil au Lion, Mercure à la Vierge, Vénus au Taureau, la Lune à l'Écrevisse, Mars au Scorpion, Jupiter au Sagittaire, Saturne au Verseau.

Ceci fait, il reste à noter les planètes en aspect diamétral dit aussi en opposition, c'est-à-dire placées exactement en face, ce qui est un présage funeste, ensuite observer la combinaison des planètes et des constellations, étudier leurs actions variées et en tirer des augures sur la durée de la vie de l'être naissant, sur ses qualités, ses défauts, son caractère, son tempérament; découvrir aussi et annoncer les divers événements de son existence.

De plus, chaque mois était divisé en trois parties de dix jours appelées, pour cette raison, décans. Sur chaque décan régnait une étoile désignée sous le nom de *Dieu conseiller*. Il y avait aussi trente-six dieux décadaires; dix-huit de ces divinités présidaient à toutes les choses qui sont au-dessus de la terre; les dix-huit autres réglaient aussi celles qui sont au-dessous.

Outre le Dieu conseiller, un décan est régi par une des sept planètes dont l'ordre immuable se présente ainsi : Mars, Soleil, Vénus, Mercure, Lune, Saturne, Jupiter.

Je prends pour exemple le Bélier, premier signe du zodiaque qui va du 21 mars au 19 avril inclus. Le premier décan (20 au 30 mars) est régi par Mars; le second (31 mars au 9 avril) est régi par le soleil; le troisième (10 au 19 avril) est régi par Vénus.

Le premier décan du Taureau (second signe du zodiaque (20 avril au 20 mai inclus) va du 20 au 30 avril et se trouve sous l'influence de Vénus; le second (du 1ᵉʳ au 10 mai) sous l'influence de Mercure; le troisième (11 au 20 mai) sous l'influence de la lune.

Jupiter domine le premier décan des Gémeaux (21 au 30 mai), et l'ordre recommence invariable.

C'est d'après les qualités et les défauts attribués à chaque planète ou plutôt à la divinité identifiée à cette planète, que se tirent les indications de caractère, de tempérament, d'aptitudes, de passions, de profession sur l'individu.

Au point de vue astronomique, les signes

du zodiaque sont groupés par trois et correspondent aux saisons.

$\left.\begin{array}{l}\text{Le Bélier}\\ \text{Le Taureau}\\ \text{Les Gémeaux}\end{array}\right\}$ Printemps

$\left.\begin{array}{l}\text{Le Cancer}\\ \text{Le Lion}\\ \text{La Vierge}\end{array}\right\}$ Eté

$\left.\begin{array}{l}\text{La Balance}\\ \text{Le Scorpion}\\ \text{Le Sagittaire}\end{array}\right\}$ Automne

$\left.\begin{array}{l}\text{Le Capricorne}\\ \text{Le Verseau}\\ \text{Les Poissons}\end{array}\right\}$ Hiver

Mais les Anciens les groupaient d'une autre façon, en se basant sur les quatre éléments connus :

$\left.\begin{array}{l}\text{Le Bélier}\\ \text{Le Lion}\\ \text{Le Sagittaire}\end{array}\right\}$ attribués au Feu

Le Taureau	
La Vierge	} à la Terre
Le Capricorne	
Les Gémeaux	
La Balance	} à l'Air
Le Verseau	
Le Cancer	
Le Scorpion	} à l'Eau
Les Poissons	

Et ils prêtaient à ces signes, les qualités essentielles des éléments.

Le Bélier correspond au tempérament du sujet et à ses instincts.

Le Taureau symbolise le travail : emplois, charges, fonctions.

Les Gémeaux représentent l'amitié, les frères, les sœurs, les parents, les serviteurs et les animaux domestiques.

Ces trois signes sont soumis au Feu d'après les anciennes doctrines astrologiques. Le Feu est lumineux et ardent ; les personnes nées sous l'un quelconque de ses signes seront donc actives, intelligentes, douées de volonté et d'énergie. Pour préciser les détails, découvrir les côtés spéciaux de leur caractère, leur fortune bonne ou mauvaise, il faut se reporter à la date de leur naissance, au décan qui s'y rapporte et étudier les combinaisons de la planète qui influence ce décan.

Je cherche des renseignements horoscopiques sur une personne née le 25 juillet d'une année quelconque :

Du 25 juillet au 2 août le Soleil est dans le signe du Lion, le décan du 25 juillet au 1ᵉʳ août est régi par Saturne. Il s'agit de combiner les actions de la Constellation du Lion avec le Soleil et avec Saturne, d'additionner les diverses influences et de les totaliser.

Je vois d'abord que le Lion est attribué au Feu. Donc toute personne née sous ce signe sera forte, généreuse, sentimentale, douée d'une volonté virile et d'une conscience éclairée. Mais la date de la naissance étant, dans le cas spécial que j'ai choisi, subordonnée à l'action de Saturne, cette personne ne possèdera que très peu d'imagination. Elle conquerra par son travail une position avantageuse, se verra exposée à la perdre, par des circonstances défavorables; réagira par sa volonté et sa force morale, mal servie pourtant par une santé fragile.

Au contraire, sous le même signe du Lion, une personne née le 10 août, décan régi par Jupiter, aura l'imagination active, un esprit vif et aimable, rencontrera d'heureuses chances de fortune, de belles relations. Sa santé robuste la fera vivre longtemps.

Les anciens astrologues prétendaient prédire sûrement, à l'aide de leur science, la destinée des peuples, comme celle des individus, les révolutions et les guerres, les pestes et les famines, ils se flattaient de distinguer les jours propices et les jours néfastes durant lesquels il ne fallait ni voyager, ni *manger de l'oie*, ni se faire saigner, ni se purger.

On voit que, à côté des choses prétendues sérieuses, il y en avait de passablement grotesques.

Une réflexion bien simple combat la foi aux horoscopes : tous les êtres nés à la même minute, dans un même pays, alors que tous les astres sont en même conjonction ou en opposition, devraient avoir absolument la même nature morale, le même tempérament physique, les mêmes facultés intellectuelles, et fournir la même carrière, vivre la même mort. En est-il ainsi? Non. Deux frères jumeaux devraient se ressembler d'une façon absolue. Il n'en est pas toujours ainsi.

Assurément ; mais cette réflexion qui paraît si sensée ne l'est qu'en apparence. Le propre de la nature est de créer éternellement des types divers. Il n'y a pas deux créatures qui se ressemblent absolument et qui soient vouées strictement au même destin. Ici, nous touchons aussi au domaine des prédestinations, des influences ataviques et à bien d'autres mystères qui contribuent, en dehors du secret de destin, à faire les êtres différents les uns des autres.

Quoi qu'il en soit, l'astrologie a perdu beaucoup de son antique renommée. Elle n'a plus d'adeptes fanatiques, car elle est, comme art divinatoire, forcément incomplète. Ceux qui s'y livrent, ne connaissent plus comme les mages, ni la précession des équinoxes, ni les grands systèmes du monde, ni les soleils errants, ni les astres vagabonds dont les influences s'accordent ou se contrarient. Mais elle fournit encore d'utiles indications générales.

Les influences astrales ne sont pas niables comme je l'ai démontré dans l'*Enigme de la main*.

Pourquoi les astres ayant une influence magnétique sur notre planète, n'en auraient-ils pas une sur les êtres vivants qui sont à sa surface ?

CHAPITRE XVII

Pour finir.

L'oniromancie est révélatrice de notre destin comme d'autres sciences oubliées. Il est utile de l'étudier.

Je ne voudrais pas induire mes lecteurs en erreur et leur laisser croire que tout ce que renferme ce petit livre, si différent de ses congénères, est « parole d'Évangile ». Tout ce qu'on peut dire au sujet du mystérieux avenir, dont la recherche passionne l'âme humaine depuis qu'il y a des hommes, ne sera jamais basé que sur des hypothèses et des coïncidences. Il ne faut donc voir dans tout ce qui précède qu'une étude aussi consciencieuse que possible des divers rapports des songes avec la vie réelle, rapports fondés sur la science des Chaldéens et toutes les sciences qui en découlent.

Si cela ne donne pas à cette étude la véracité, elle en reçoit au moins l'authenticité. Je me suis appliquée à chercher dans les règles de la mantique et les indications fournies par les devins les plus fameux de tous les pays, la marche à suivre pour errer le moins possible dans cette route inconnue. J'ai planté des jalons le long du chemin et dressé des poteaux aux carrefours afin que mes lecteurs ne s'égarent pas dans le dédale des inepties qui sont le fonds commun des vulgaires *Clefs des Songes*.

Je leur dis : « Voilà comment les Assyriens, les Grecs, les Romains, tous ceux qui firent de l'*Oniromancie* une science religieuse, politique et sociale, expliquaient tels signes. J'y ai ajouté, par déduction, des signes modernes que Calchas et ses pareils ne pouvaient connaître et qu'ils n'ont pu décrire. C'est mon seul apport personnel. Pour le reste, je me réclame des Kabbalistes qui affirmaient pénétrer l'inconnaissable. »

Le difficile, dans l'interprétation des images des rêves, c'est d'en faire à soi-même l'application suivant sa nature propre.

C'est le cas de formuler l'axiome : « Connais-toi toi-même, » et de le mettre en pratique.

Je me suis décidée à écrire ces pages après avoir longtemps hésité. Si je m'y suis résolue, c'est parce qu'en vieillissant j'ai fini par voir clair très souvent dans mes propres rêves et par en vérifier les signes dans maintes circonstances. J'ai étendu mon champ d'observation et d'analyse à mon entourage immédiat, puis un peu plus loin. Aussi, peu à peu, j'ai constaté, en de multiples circonstances, que dans l'amas des traditions, qui nous semblent plutôt inexplicables et insensées, il y avait quelque chose à reprendre, quelque chose de vrai. J'ai donc recueilli et tâché de coordonner les significations traditionnelles. Mais la seule découverte dont je sois sûre, c'est qu'il y a autant de genres de rêves que de genres d'individus et que, pour essayer de démêler la signification d'un songe, il est indispensable de posséder des renseignements psychologiques et physiologiques sur le sujet intéressé : Ici, la chiromancie est d'un précieux secours.

Au reste, tout se tient et s'enchaîne dans le domaine des mystères comme dans tous les domaines, et la loi primordiale à établir est celle des solidarités.

Nous ne sommes *seuls*, ni en nous-mêmes, ni en dehors de nous-mêmes. Nous participons d'un ensemble d'éléments et d'influences qui forment notre être, notre vie et notre destinée. Il faut s'y reconnaître. Il faut sentir l'inconnu peuplé de tout un monde invisible à nos yeux et qui agit sur nous et en nous.

La Religion parle des « anges gardiens » attachés à nos âmes. Oui, nous avons des anges gardiens. Il est des esprits qui flottent dans l'espace et qui nous suggèrent des pensées et des actes.

Dans l'inertie du sommeil, notre être immatériel en subit l'influence. Mais, revenus à la vie matérielle, réveillés, nous ne savons plus, nous ne comprenons plus. Et les intuitions, les pressentiments sont les échos de ces mystérieuses et confuses influences qui sont bien celles d'anges bons ou mauvais, blancs ou noirs, suivant nos mérites et le destin que nous avons choisi.

Je dis donc qu'il importe de noter les phénomènes du rêve, comme ceux des signes tracés dans nos mains, comme ceux des formes de notre tête, de notre corps, de tout ce qui, en un mot, peut servir à nous révéler notre sort. Et ce livre, sans aucune prétention, n'a d'autre but que d'essayer d'être une humble clarté apportée par une main respectueuse au pied de l'autel de la destinée.

FIN

INDEX ALPHABÉTIQUE

des signes et indices
expliqués suivant la tradition de l'oniromancie.

A

Abeilles	103	Agneau	96
Abîme	109	Aigle	90, 190
Abri	109	Aiguilles	111
Absence	128	Alouette	90
Abbaye	109	Allumettes	111
Acacia	105	Ambulance	109
Acheter	128	Ami	81
Acteur	81	Amputation	128
Adolescents	75	Ane	95
Affaires	128	Angelus	128
Affront	128	Anguilles	102
Affût	128	Animaux en troupe	95
		Antre	111
		Anneau	111

Annonce	75	Bâillon	112
Applaudissements	128	Bain	128
Araignée	103	Baiser (la terre)	128
Arbres	105	Bal	128
Arc	111	Baladin	82
Arc-en-ciel	111	Balai	112
Arêtes de poisson	102	Balcon	112
Argent	111	Balle	112
Armée	82	Ballon	112
Arnaud (Victor)	56	Banc	112
Aristote	52	Barbe	112
Arriver	128	Barque	112
Arroser	128	Bataille	128
Ascension	128	Bâtir	128
Astrologie	213	Bâton	112
Attaquer	128	Battre	128
Auberge	109	Bélier	96
Aumône	128	Belette	96
Autel	111	Bénédiction	128
Avalanche	111	Béquilles	112
Aveugle	79	*Bérard*	55
		Berceau	112
B		*Bernard* (Claude)	16
		Bicyclette	112
Badauds	82	Bijou	112
Bague	111	Blanc	153

INDEX ALPHABÉTIQUE

Blé	105	Caille	90
Blessure	128	Cailloux	113
Bleu	159	Camp	113
Bœuf	96	Campagne	113
Bœufs en troupeaux	96	Canal	113
Bois	69	Cancans	129
Boiter	129	Canon	113
Bolides	112	Carnage	129
Bonbons	112	Cartes	113
Borgne	82	Cauchemar	129
Bossu	82	Cavalier	76
Boue	112	Cave	110
Bouquet	113	Caverne	113
Bourse	113	Cécité	129
Brebis	96	Cercle	129
Brigands	79	Cercueil	113
Brouille	129	Cerf	96
Bruit	113	Cerises	107
		Chagrin	129
C		Chaîne	113
		Champ	113
Cabane	109	Champignons	108
Cabanis	15	Chapeau	113
Cabaret	110	Char	114
Café	113, 195	Charrette	114
Cage	113	Charbons	114

Chardons..............	105	Coffre..............	115
Chat.................	97	Colère..............	129
Château..............	110	Colombes............	91
Chat-huant...........	90	Colonnes............	115
Chasser..............	129	*Condé (Princesse de)*.	59
Chaumière............	109	Confitures..........	115
Chauve-souris........	97	Convalescence.......	129
Cheminée.............	114	Copeaux.............	115
Chêne................	105	Coq.................	90
Chenille.............	103	Coquillages.........	102
Cheval...............	97	Cor.................	115
Cheveux..............	114	Corbeau.............	91
Chèvre...............	98	Corbeille...........	115
Chien............. 71,	98	Corbillard..........	115
Chiffres.............	114	Corde...............	115
Chouette.............	190	Corneille...........	190
Chute................	129	Cortège......... 77,	129
Ciel.................	79	Coucher (se)........	130
Cierges..............	114	Coups...............	130
Cils.................	114	Courir..............	129
Ciseaux..............	114	Couronne............	115
Citerne..............	114	Couteau.............	115
Clef.................	114	Couvert.............	110
Clocher..............	114	Couvert.............	130
Cloches..............	114	Crapaud.............	102
Clous................	114	Crêpe...............	115

INDEX ALPHABÉTIQUE

Cri...............	129	*Doellinger*	23
Croix........ 115,	195	Domestiques........	82
Cuisine............	129	Don...............	119
Cuve..............	116	Dormir............	130
Cyclone...........	116	Drapeau...........	116
Cygne.............	91	*Dumas (Alexandre)*..	60
		Duval (Mathias).....	18

D

Danger............	130
Danse.............	130
Déchirer...........	130
Déclouer...........	130
Découdre..........	130
Dégringoler........	130
Déménager.........	130
Dents.............	116
Dés...............	116
Descendre.........	130
Désert.............	116
Déshabiller (se)....	130
Déterrer...........	130
Dévider...........	130
Diable............	79
Dindon............	91
Discussion.........	130

E

Eau...............	116
Échelle............	116
Écheveau..........	117
Éclairs............	117
Éclipse............	117
Écueil.............	117
Église.............	109
Éléphant..........	98
Embourber (s').....	130
Embuscade........	131
Émeute...........	131
Enfer.............	79
Enlèvement........	131
Ennemis	82
Enterré...........	131
Enterrement.......	131

Envoûtements.. 198-	199	Femmes	76
Épidémie...........	131	Fête...............	131
Épines.............	106	Feu................	118
Ermite.............	82	Feuilles............	106
Escalier............	117	Feu d'artifice.......	118
Esprits célestes	78	Fèves..............	108
Étoiles	117	Fiançailles.........	131
Étudier............	131	Fil................	118
Évanouissement.....	131	Filets..............	118
Exécution..........	131	Flambeau..........	118
Exil.......... 117,	131	*Flammarion*........	55
Exposition.........	131	Flamme............	118
		Fleurs	107
		Flotter (sur l'eau)...	131
F		Foin........... 106,	118
Facteur............	82	Fontaine...........	119
Faim...............	131	Fosse..............	118
Faisan.............	92	Fossés.............	119
Famille............	82	Foudre.............	119
Famine............	131	*Franklin*...........	60
Fanal..............	117	Fumée.............	119
Fantôme	76		
Fardeau............	117	**G**	
Faucher............	131		
Fauteuil...........	118	Galette.............	119
Fée................	82	Gants..............	119

Gâteaux	119	Hamac	120
Géant	82	Hannetons	103
Gendarme	82	Hérisson	98
Genêt	106	Hériter	131
Gessner	47	Héron 92,	190
Gestes	131	Hirondelle 92,	190
Gibet	119	Homme	75
Gibier	98	Honneurs	132
Girouette	119	Horloge	120
Glace	119	Hôtel	110
Gouffre	120	Houx	106
Goût	131	Huile	120
Grange	110	Huîtres	102
Grenier	110		
Grenouille	102	**I**	
Grille	120		
Grimper (à un arbre)	131	Idiot	82
Grotte	110	Ile	120
Gué	120	Illumination	132
Guêpes	103	Images	120
Gui	106	Impasse	110
		Indigo	159
H		Infirme 76,	82
Hache	120	Inondation	132
Haie	106	Invisible	132
Halle	120	Ivresse	132

J

Jambes	120
Jardin	120
Jaune	157
Jeu	120
Jouet	120
Journal	120
Juge	82

L

Labourer	132
Labyrinthe	121
Lait	121
Lampe	121
Lanterne	121
Lapin	98
Laurier	106
Lettres	121
Lever (se)	132
Levier	121
Lézard	103
Limaçon	103
Linceul	121
Linge	121
Lion	99
Lire	132
Lit	121
Locomotive	121
Loterie	132
Lune	121

M

Mains	80
Maladie	132
Manchot	83
Manège	132
Manger	132
Mansarde	110
Manteau	121
Marc-Aurèle	53
Marcher	132
Mariage	77, 132
Mariée	161
Marron	106
Marron (couleur)	160
Masques	83
Masure	110
Médaille	122
Médicis (Catherine de)	59

INDEX ALPHABÉTIQUE

Menaces	132	Nègre	73
Ménagerie	99	Neige	133
Mendiant	83	Noces	133
Mer	122, 132	Nœud	122
Métamorphose	132	Noir	154
Meule	122	Nombre sept	133
Meurtre	133	Noyer	106
Miroir	122	Nuages	122
Moine	79		
Montagne	122	**O**	
Monter	133		
Morsure	133	Odeurs	133
Mort	70, 75	Œufs	122
Mouches	104	Oie	92
Mouette	92, 190	Oiseaux	190
Moulin	110	Officier	79
Mur	122	Orage	122
Musée	110	Orangé	157
Musique	133	Osselets	122
		Ours	99
N		**P**	
Nager	133		
Nain	83	Paille	106, 123
Naufrage	133	Pain	123
Navets	108	Palais	110

Panier	123	Portrait	83
Paon	92	Poules	93
Parapluie	123	Poupée	123
Parc	133	Prêtre	79
Partir	133	Prier	134
Pâté	123	Prison	110, 123
Patiner	133	Procession	134
Pauvre	83	Promenade	134
Pêcher (des poissons)	101	Puits	123
Pensée	107		
Pensionnat	110		
Perroquet	92	**Q**	
Peuplier	106	Quenouille	123
Peur	134	Quête	134
Phare	110		
Phénix	190	**R**	
Pieds	80		
Pierres	123	Rage	134
Pivert	190	Raisins	107
Pleurer	134	Rameaux	106
Pluie	123	Rat	99
Plumes	123	Récoltes	124
Pois	108	Repas	134
Poissons	101	Ressusciter	134
Pompe	123	Rire	134
Pont	123	Rixe	134

Roitelet	190	Souris	99
Roland (Madame)	60	Souterrain	110
Rose	107		
Rosenbaum	17	**T**	
Rouge	150		
Ruines	124	Table	124
Réveillon	134	Tambour	124
		Tarots	193
S		Taupe	99
		Télépathie	168
Sable	124	Tempête 69,	124
Sac	124	Ténèbres	124
Saints	79	Tête	80
Sang	124	Théâtre	110
Sanglier	99	Tigre	99
Sapin	106	Tombe	124
Saule	106	Tonneau	124
Scorpions	103	Torche	124
Scott (Walter)	25	Tour	110
Sel	124	Tourterelle	93
Sept 133,	187	Traineau	125
Singe	99	Trappe	125
Soleil	124	Trésor	125
Sorcier	205	Tribunal	110
Soupirail	124	Trône	125
Sourcier	206	Tunnel	110

V

Vagabond	83	Vieillards	75
Vampire	99	*Villeneuve(Arnaud de)*	47
Vendanges	69	Violet	155
Vent	125, 135	Vin	125
Vermines	104	Vol (aérien)	135
Verre	125	Volcan	125
Vert	157	Voleur	83
Vêtements	125	Volière	125
		Voltaire	32
		Voyage	135

TABLE DES MATIÈRES

Pourquoi j'ai fait ce livre.......................... 1

PREMIÈRE PARTIE

Exposé d'ensemble du mystère du rêve suivant la science et la tradition

I. — Le sommeil expliqué par la Fable 7
II. — Le sommeil expliqué par la Science........ 13
III. — Le rêve et ses mystères 21
IV. — Classification des rêves................... 29
V. — Il y a deux catégories de rêves........... 39
VI. — Le rêve et la médecine................... 43
VII. — Les rêves sont-ils prophétiques........... 51

TABLE DES MATIÈRES

DEUXIÈME PARTIE

La moderne clef des songes. — La parole à la tradition. — Règles élémentaires de l'oniromancie.

I. — Langage des rêves	65
II. — Les humains	75
III. — Les oiseaux	85
IV. — Les quadrupèdes	95
V. — Les poissons, reptiles, insectes	101
VI. — Les végétaux	105
VII. — Divers	109
VIII. — Actes et sensations	127
IX. — Explication de certaines particularités à connaître	137
X. — Les songes et les influences astrales	145
XI. — La couleur des images du rêve	153
XII. — Il y a rêve et rêve	163
XIII. — Le pressentiment, le rêve et les apparitions	167
XIV. — De la divination en général	175
XV. — Les sortilèges	197
XVI. — Les douze maisons du Ciel	211
XVII. — Pour finir	233
Index alphabétique	239

L'ÉNIGME DE LA MAIN

Sous ce titre : l'Énigme de la main, Mme de Thèbes a déjà publié un volume, du même format et du même prix que l'Énigme du Rêve. L'un ne va pas sans l'autre ; ils se complètent mutuellement. Aussi bien, publions-nous ici deux des passages-types de l'Énigme de la main : *la Préface et le chapitre relatif à la ligne de Cœur.*

Préface

La Chiromancie est-elle une science exacte ?
Oui, à la condition que nous ferons de cette science une véritable science, c'est-à-dire un ensemble de connaissances, de faits, d'observations sagement étudiés.

L'esprit éminemment intuitif du Français, sa facilité merveilleuse à s'assimiler de façon homogène les choses auxquelles il n'a pourtant que superficiellement touché, le pousse à vouloir tout savoir sans rien apprendre, et, par procédé inverse du même mouvement d'esprit, à nier tout ce qu'il ne veut pas étudier.

Ce défaut, dû à sa vivacité cérébrale, à sa promptitude intellectuelle, le porte naturellement à la négation par l'ironie.

Tandis que l'Anglais et l'Allemand repoussent le fait qui leur semble niable avec l'argument de la déduction, le Français le tue d'un sourire, s'il est bien élevé ; d'un sarcasme, s'il est mal élevé.

Il a quelque crainte du merveilleux et peu de penchant pour la méthode expérimentale qui demande plus de persévérance, d'attention qu'il n'est généralement susceptible d'en donner.

En ce qui concerne la Chiromancie, cependant, les railleurs, quoique nombreux, n'ont pas toujours l'avantage de la « qualité ». Ceux qui, ainsi que nous, ont cru en elle, se sont rangés à l'avis de Platon, d'Aristote, de Gallien, d'Albert le Grand, que l'amplitude de leur cerveau désigne certainement au respect des siècles.

Ils ont cru à la Chiromancie ; nous avons fait comme eux, et n'éprouvons aucun scrupule à le dire. Nous y avons pressenti une des mille façons dont la nature nous révèle sa marche et nous nous sommes plu à chercher la part de vérité dans cette science si profondément tombée dans l'oubli, devant la prophétique et savante résurrection qu'en firent, il y a quelque trente ans, Desbarolles et d'Arpentigny.

Il faut faire intentionnellement la part du feu et rendre, en belle joueuse, des points d'avance à nos adversaires; nous déclarons que nous prenons la Chiromancie des mains de l'empirisme; que l'hypothèse scientifique ne l'appuie d'aucune façon, et que les seuls témoignages de son existence occulte sont les faits acquis.

Si tous les architectes des systèmes philosophiques, des thèses scientifiques, littéraires ou artistiques étaient aussi francs que nous, on arriverait à compter avec le seul secours de ses dix doigts les vérités *scientifiquement* prouvées, *rationnellement* expliquées.

Personne pourtant ne niera la circulation du sang, la localisation de nos divers mouvements dans le cerveau. L'explique-t-on ? On se contente d'en décrire le mécanisme et de constater que différents phénomènes existent.

Ceux qui s'attachent à statuer sur les causes initiales, éprouvent le sort commun à tout chercheur de spéculatif : à peine leur système est-il échafaudé qu'un autre naît qui le renverse.

Il faut donc se contenter, même et surtout en connaissances scientifiques, des faits observés.

Nous savons que la cellule cérébrale pense, que la fibre musculaire se contracte, que dans le bulbe se trouvent les centres de la circulation et de la respiration, que la peau, les muqueuses sont sensibles, que les nerfs conduisent l'impression sensitive de la périphérie à la moelle et au cerveau, que la moelle et le cerveau réagissent sur la périphérie et que ce va-et-vient, cet échange perpétuel constituent et entretiennent la vie. Mais la vie elle-même, qu'est-elle? D'où vient-elle; quel est son principe? Nous l'ignorons. La variole peut tuer l'homme ou le défigurer; le vaccin qui n'est que la variole modifiée préserve l'homme de ce mal. Certaines maladies infectieuses ne se répètent pas sur l'être humain; une première atteinte le met à l'abri d'une seconde. Pourquoi ces maladies sont-elles le privilège exclusif de l'homme et ne peuvent-elles être inoculées à aucun autre animal? La rage du chien nous tue; la rage expérimentale du lapin nous sauve de la rage que le chien nous a donnée; quelques gouttes de belladone foudroient un homme; cette même dose doublée ou triplée ne fait rien à un lapin. Expliquez-moi tout cela?

Si nous avons à défendre cette pauvre vie humaine contre les invasions morbides, nous employons des médicaments dont l'effet est héroïque et sûr, comme celui de la quinine qui coupe la fièvre, du mercure qui épure le sang, de l'opium qui fait dormir; seulement, nous ne savons pas comment ces médicaments opèrent! Nous savons qu'ils guérissent, et encore!

Du fonctionnement le plus intime, le plus vulgaire de notre être, nous ne connaissons rien quant à la cause.

Nous fonctionnons tout de même, car une partie seulement des mouvements dont se compose la vie sont justiciables de notre volonté. Nous digérons, nous dormons, nous pensons, sachant seulement que le phénomène de la digestion est dévolu à l'estomac et à l'intestin, que celui du sommeil dépend des nerfs, que celui de la pensée a son siège au cerveau.

Mais dirons-nous par quelles causes ces organes se mettent en jeu pour accomplir la digestion, provoquer le sommeil, faire naître la pensée?

Si, de l'ordre physique, nous passons à l'ordre moral, je me rappelle parfaitement les moindres incidents de ma vie; je sais par cœur des vers que j'ai appris il y a vingt ans; je connais une vieille femme de 94 ans qui ne se rappelle pas les choses qui viennent de se passer il y a une heure, mais elle vous récitera les fables de La Fontaine qu'elle a apprises à l'école à dix ans. Comment s'opère ce miracle de la mémoire, je l'ignore. Il y a des gens qui ont des remords, ils ne sont pas nombreux, mais enfin il y en a. D'où viennent les remords? De la conscience. Où siège la conscience? Cherchez. Etes-vous sûr que Dieu a parlé à Abraham, que Moïse l'a vu face à face sur le Sinaï, et a reçu de lui les Tables de la loi? Que Jésus est son Fils sans l'intervention d'aucun homme, qu'il est revenu de la mort pour passer encore quarante jours sur la terre? Où sont les preuves?

Certains hommes sincères nous ont dit que cela

était ainsi, et de ces choses irrationnelles et anormales, ceux qui croyaient ont fait des dogmes au nom desquels l'humanité supérieure se passionne, lutte, souffre, espère, affirme.

Il y a des gens qui se sont fait arracher les entrailles, brûler, livrer aux bêtes, pour prouver cette vérité que rien ne prouve. Il y en a d'autres qui ont tué leurs semblables par milliers pour la même démonstration. L'empirisme nous domine donc de tous les côtés. Il nous saisit au moment où nous sommes venus au monde, sans que ceux qui nous y mettent sachent, ni tout de suite ni plus tard, comment et surtout pourquoi ils nous y ont mis, et cet empirisme ne nous abandonne même pas à la mort puisque les uns nous promettent l'immortalité de l'âme, tandis que les autres ne nous garantissent que le néant et que, ni ceux-ci, ni ceux-là, n'apportent une seule preuve tangible, un seul argument scientifique à l'appui de leur dire. Par conséquent, si nous n'avons à reprocher à la Chiromancie que de ne pas être explicable, elle peut nous répondre qu'elle a cela de commun avec nombre de choses dont notre corps et notre âme font tous les jours leur profit physique et moral. Ne soyons pas si absolus dans nos affirmations, devant les phénomènes mystérieux dans leurs causes, puisqu'ils sont évidents par leurs résultats.

Observons-les, classons-les, utilisons-les, en attendant que nous puissions les expliquer.

Ceci posé, tout en reconnaissant que la Chiromancie ne peut pas faire ses preuves mathématiquement, comme le mouvement de la terre ou les phases de la lune, reconnaissons-lui le droit, si elle peut fournir des faits incontestables et des renseignements utiles, de revendiquer sa place parmi les certitudes de second ordre qu'on ne peut pas plus expliquer que nier et qui n'ont pas d'autres fondements comme les thérapeutiques et les religions, que l'expérimentation et la confiance.

La seule chance que nous ayons d'arriver à connaître les causes est d'étudier les effets sans prévention ni parti pris.

Ces effets devront être d'abord catalogués, classés, comparés. Cette triple opération fera certainement remonter l'observateur patient aux causes qui les ont produits.

Nous allons appliquer ce procédé de méthode expérimentale à la Chiromancie et voir si, réellement, elle nous donnera des résultats pratiques et convaincants.

Qu'affirme la Chiromancie? Que toute notre destinée physiologique et physique, y compris même les événements, est écrite d'avance dans notre main dans certaines formes et à certaines lignes. C'est parfaitement absurde à première vue, mais comme des millions de faits ont démontré et démontrent tous les jours que c'est parfaitement vrai, passons par-dessus l'absurde, comme nous le faisons dans d'autres cas, et expérimentons par nous-mêmes, appliquant ainsi le vieux principe jadis gravé au fronton du temple de Delphes, et qui est le fin du fin de l'humaine philosophie : *Connais-toi toi-même*.

Ligne de cœur

La ligne de cœur est celle qui court au pied des monts de la main, ou, si vous aimez mieux, sous la racine des doigts. Elle commence sous le doigt de Jupiter, c'est-à-dire à l'index, et elle se termine à la percussion de la main.

La percussion de la main est le côté opposé au pouce, la partie de la main qui frappe, du latin *percutare*, frapper.

La ligne de cœur, pour être bonne, doit être apparente, droite, continue, pas très profonde, rosée et elle doit tracer un joli sillon à l'œil.

Ainsi disposée, elle indiquera une bonne complexion de l'équilibre et de la chance (fig. 29).

Les anciens disent qu'une ligne de cœur qui part entre les doigts Index et Médius et s'en va en un beau sillon jusqu'à la percussion, est un signe d'amour heureux et de grande chance (fig. 30).

Très souvent, on voit des lignes de cœur qui barrent toute la main; alors, c'est l'excès; c'est trop de cœur, trop de sensibilité, trop de tendresse :

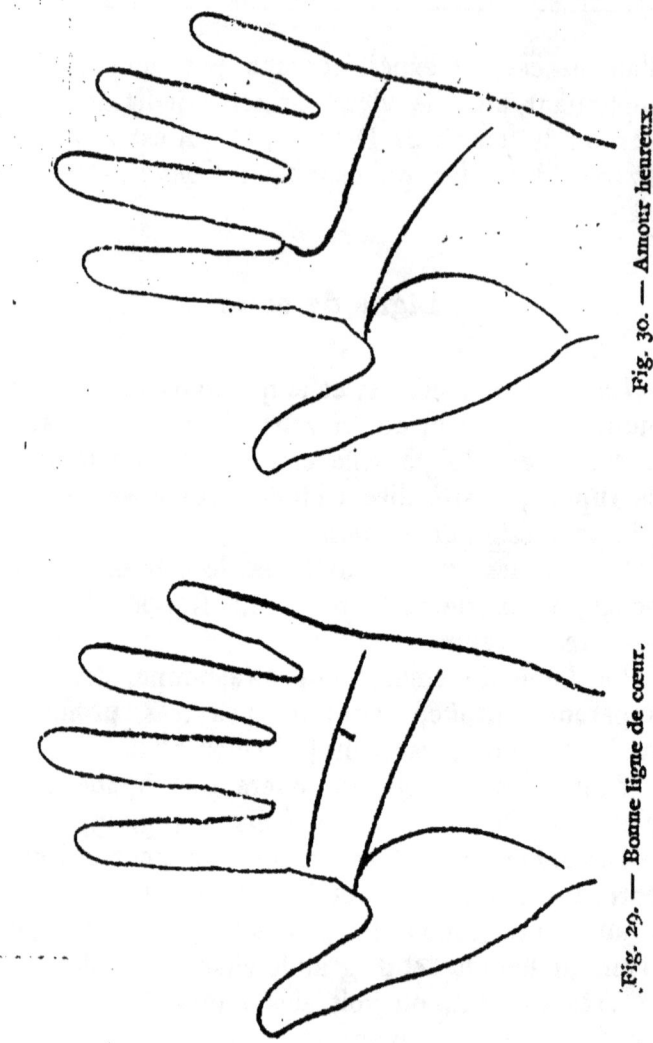

Fig. 29. — Bonne ligne de cœur.

Fig. 30. — Amour heureux.

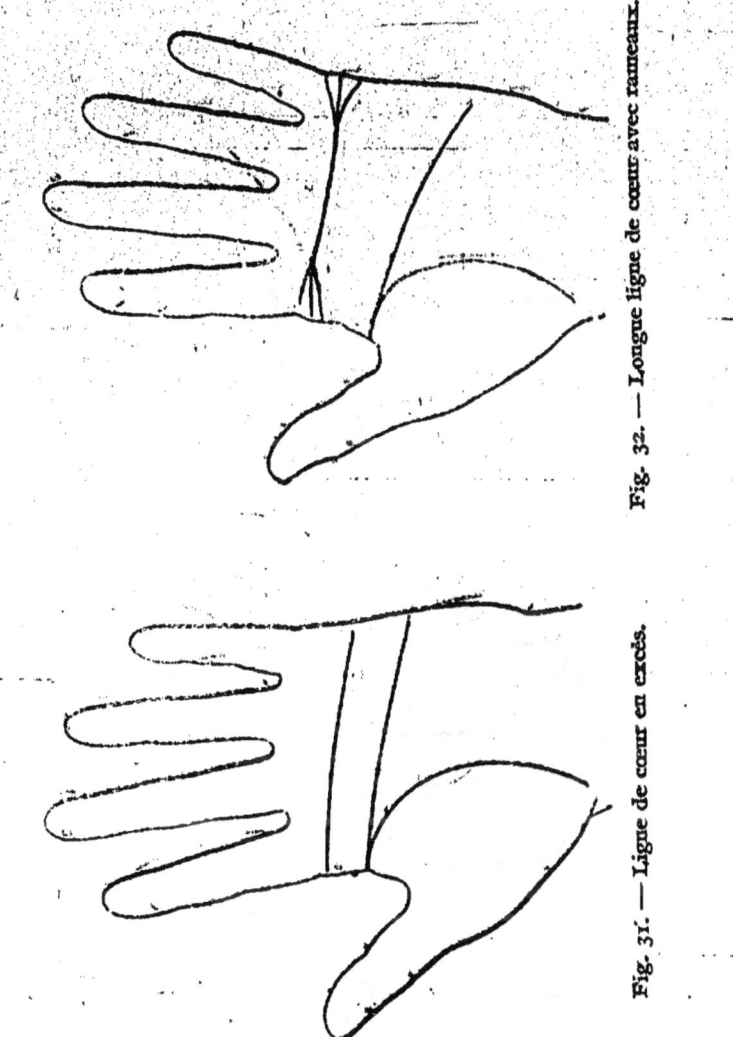

Fig. 31. — Ligne de cœur en excès.　　Fig. 32. — Longue ligne de cœur avec rameaux.

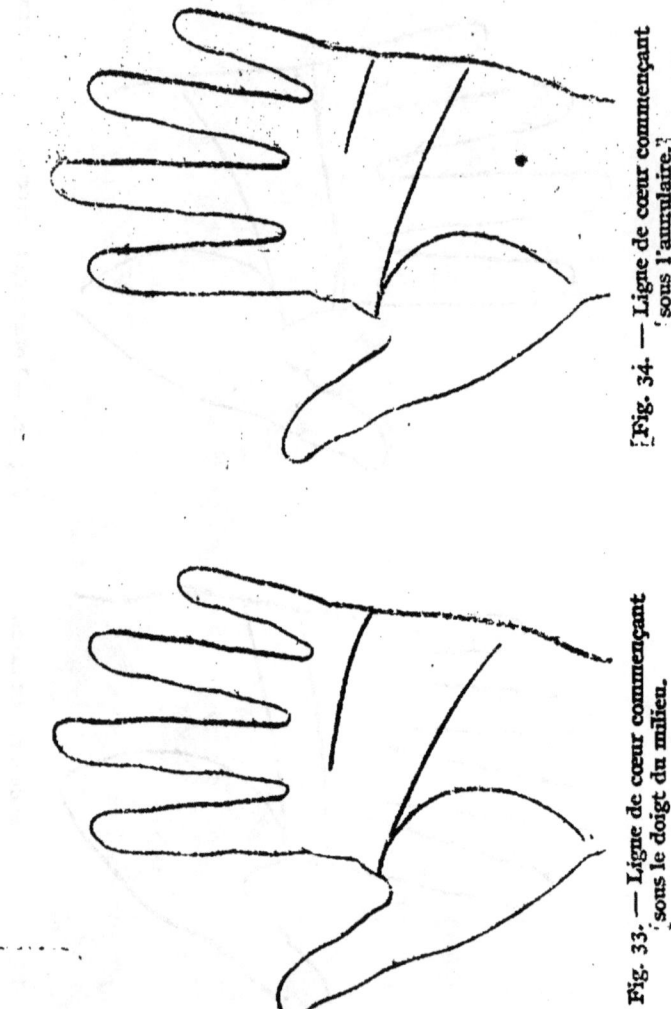

Fig. 33. — Ligne de cœur commençant sous le doigt du milieu.

Fig. 34. — Ligne de cœur commençant sous l'annulaire.

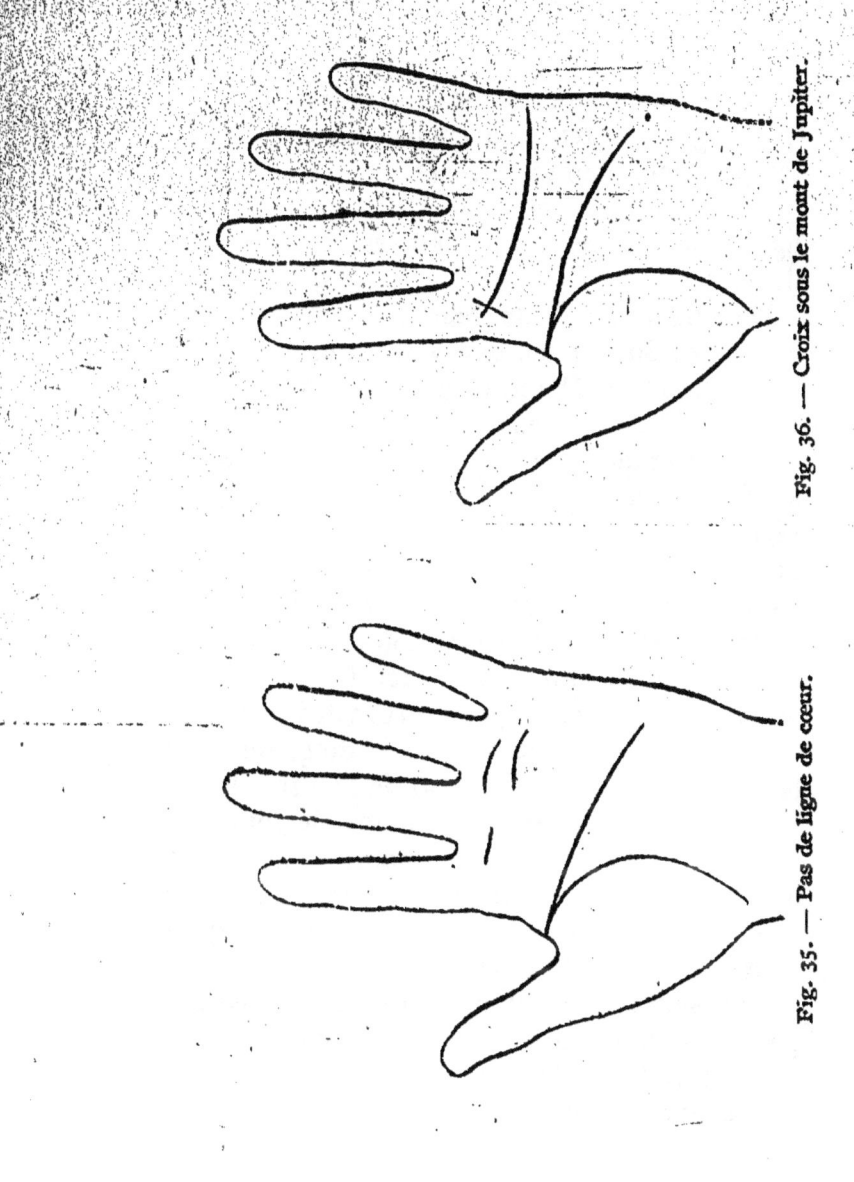

Fig. 35. — Pas de ligne de cœur.

Fig. 36. — Croix sous le mont de Jupiter.

un pouce en bille, on tombe dans l'hystérie (fig. 31).

La ligne de cœur, de couleur livide : mauvais tempérament, homme méchant ou malade.

Par la longueur plus ou moins grande de cette ligne, vous jugerez de la tendresse et de la bonté des gens.

De longues lignes de cœur, qui commencent sur le mont de Jupiter par des rameaux et se terminent sur le mont de Mercure, par des rameaux également, et dans les deux mains, indiquent des êtres sensibles et nerveux à propos de tout ce qui est sentiments ou impressions (fig. 32). Si le signe est répété dans les deux mains, c'est un être sensible à l'excès et de tendresse trop inquiète. Avec une pareille ligne de cœur, on rêve toujours morts et catastrophes. Leur nervosité doit être ménagée, car la réprimer dépasse leur force. Les porteurs de telles lignes sont prédisposés aux maladies de cœur.

La ligne, commençant sous le doigt du milieu (et c'est la généralité) le doigt de Saturne, indique une vie inquiète, de nombreuses déceptions de cœur, en amitié comme en amour, surtout si cette ligne commence brutalement sans rameaux (fig. 33).

Si elle commence sous l'annulaire, c'est signe de pauvreté d'esprit (fig. 34).

Très souvent, vous rencontrez des gens qui n'ont pas de ligne de cœur; c'est toujours la menace d'une grande fatalité dans la vie; c'est d'abord l'indication morale d'une nature sans tendresse, sans bonté et souvent d'un défaut absolu de sens moral (fig. 35).

Une main privée de ligne de cœur doit inspirer de la défiance; les êtres porteurs de ce triste signe sont mauvais et, si le pouce est en bille, ils deviennent dangereux. Sans principes ni préjugés, ils vont semant le trouble dans les milieux où ils passent. L'annonce d'un accident grave, cassure, brisure ou brûlure mortelle, est aussi indiquée par l'absence de ligne de cœur.

Je vous conseille beaucoup de vous méfier des êtres qui ont ces mains-là.

Une très belle ligne de cœur, faisant croix sur le mont de Jupiter, cette croix formée soit d'une ligne qui sort de la ligne de vie, soit d'une simple barre qui se trouve sur ce mont, est l'indice d'un bon mariage (fig. 36).

Tandis que la ligne mal écrite avec des rameaux mal formés : mauvais mariage (fig. 37).

Il y a une ligne de cœur, qui est toujours dangereuse au point de vue physique, c'est celle qui sort de la ligne de vie, unie à la ligne de tête (fig. 38). La réunion de ces trois lignes, surtout si elles sont écrites semblablement dans les deux mains, est un signe de mort subite. Si ces lignes ne se sont réunies que dans une main, c'est de l'étouffement, le cœur bat mal.

Il n'y a que deux lignes qui doivent se toucher, la ligne de tête et la ligne de vie.

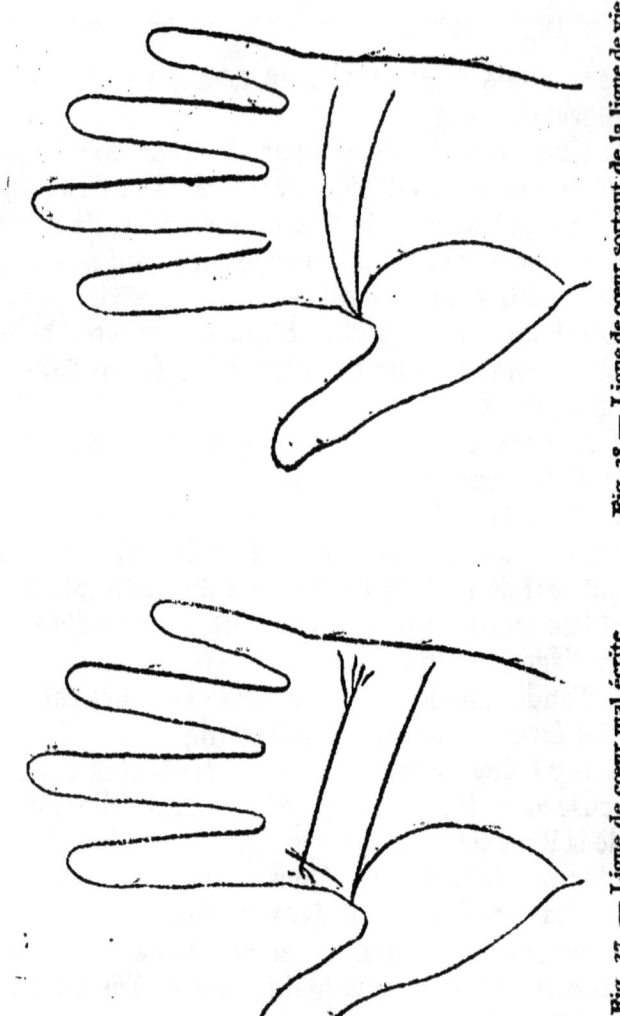

Fig. 37. — Ligne de cœur mal écrite.   Fig. 38. — Ligne de cœur sortant de la ligne de vie.

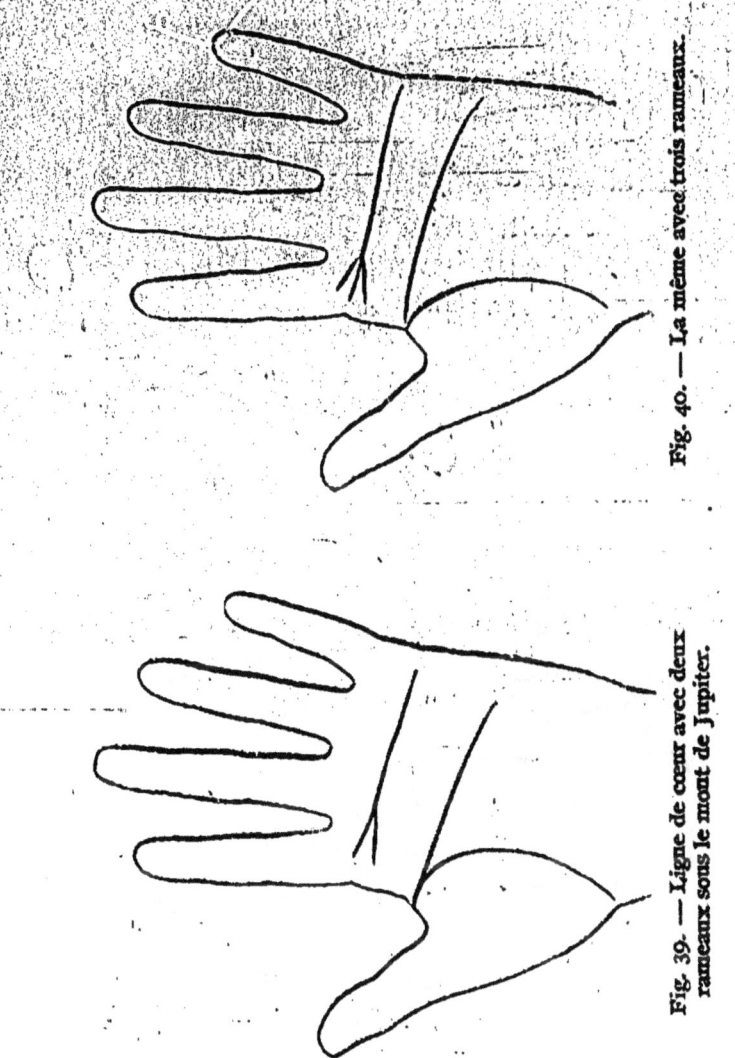

Fig. 39. — Ligne de cœur avec deux rameaux sous le mont de Jupiter.

Fig. 40. — La même avec trois rameaux.

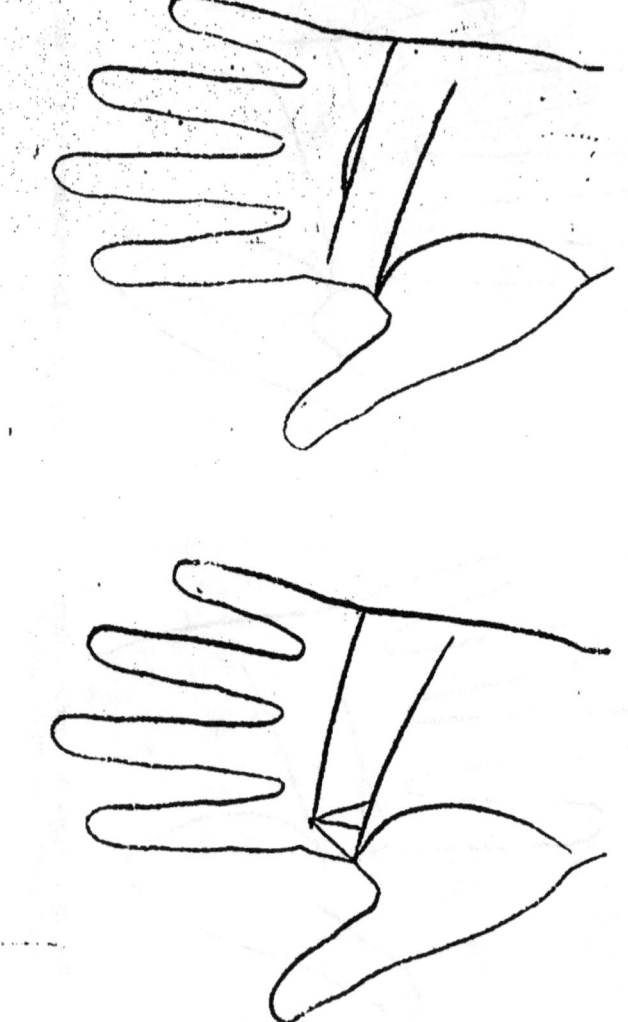

Fig. 41. — Ligne de cœur unie à la ligne de tête.   Fig. 42. — Ligne de cœur avec une île.

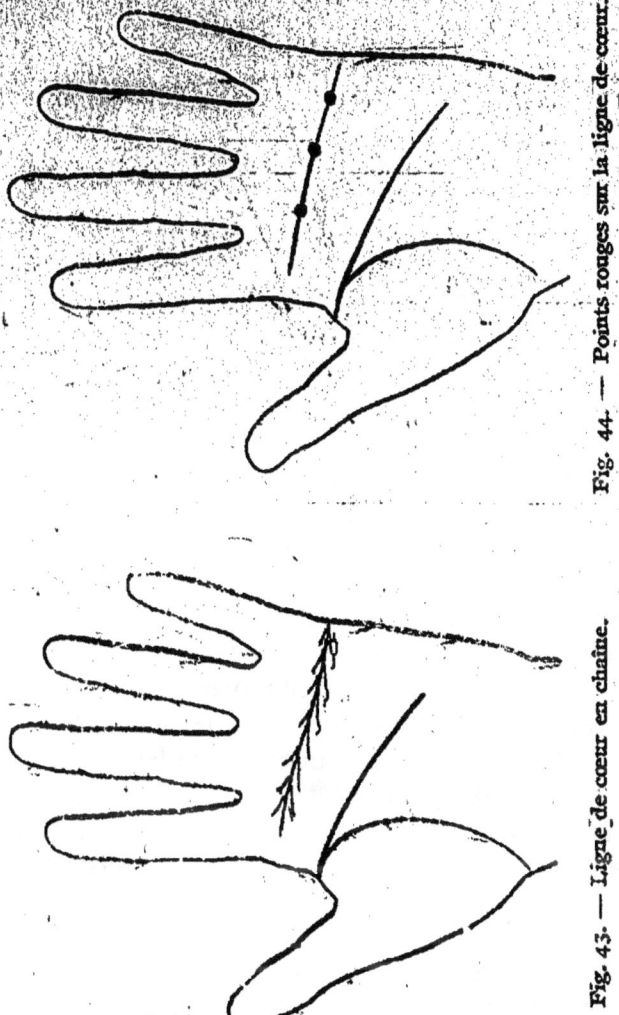

Fig. 43. — Ligne de cœur en chaîne.   Fig. 44. — Points rouges sur la ligne de cœur.

Toute ligne touchant une autre lui prend de sa force.

Une ligne de cœur, avec deux rameaux seulement, s'étendant sur le mont de Jupiter, c'est toutours un pronostic de chance et de réussite (fig. 39).

Une ligne de cœur, avec trois rameaux sur le mont de Jupiter et tendant vers la ligne de tête, est toujours l'indice d'un brave et bon cœur, aimant la justice, l'honnêteté. Elle indique aussi le sens esthétique, des goûts élégants et ce sens sociable qui fait rechercher aux hommes la société des femmes (fig. 40). Le porteur d'une pareille ligne est friand de toutes les jouissances de la vie, mais il sait en user à propos et sans excès.

Si cette ligne s'unit à la ligne de tête, idées noires, souvent idées de suicide (fig 41.)

Une ligne de cœur avec une île, maladie de cœur, le fleuve est ensablé, encombrement (fig. 42).

Les anciens disaient que ces lignes sont l'annonce de l'adultère. Je ne suis nullement de leur avis. J'ai vu des femmes très honnêtes avoir cette marque, et quand je leur disais : « Vous avez des douleurs au cœur, ou des palpitations violentes », c'était toujours vrai.

Ligne de cœur en chaîne, cœur qui aime souvent et peu de temps : infidélité (fig 43).

Points rouges sur la ligne de cœur : Chagrins d'amour, ennuis, côté mariage (fig. 44).

Lorsque vous rencontrerez cette ligne de cœur

ponctuée de rouge, soyez prudent dans votre diagnostic, au moins dans son énoncé. La souffrance morale, née de l'amour malheureux, veut être touchée d'une main très légère. Prenez garde aussi de disloquer d'une secousse imprudente des unions qui ne tiennent déjà guère. Rendez-vous compte du type astral auquel vous avez affaire et dosez la révélation d'après votre sujet. Ce faisant, vous aurez déjà beaucoup avancé dans la Chiromancie.

Paris. — Imp. PAUL DUPONT

www.ingramcontent.com/pod-product-compliance
Lightning Source LLC
Chambersburg PA
CBHW050655170426
43200CB00008B/1304